世界に感動をあたえた日本人

スポーツ　国際理解・平和編

上

評論社

世界に感動をあたえた日本人 上
もくじ

スポーツ編

「ワールドチャンピオン」の夢をかなえた怪物
野球 松井秀喜 …… 6

サッカー界のレジェンド
男子サッカー 三浦知良 …… 9

アジア人初の「FIFA女子最優秀選手賞」を受賞
女子サッカー 澤 穂希 …… 12

世界ランキング5位のアジア王者
テニス 錦織 圭 …… 15

障がい者スポーツの未来を切りひらいた
車いすテニス 国枝慎吾 …… 18

公式戦で119連勝し世界大会では16回連続優勝
女子レスリング 吉田沙保里 … 21

日本の体操界のエース
体操競技 内村航平 …… 24

男子フィギュアスケートの新たな時代の幕をあける
フィギュアスケート 髙橋大輔 …… 27

オリンピック2種目2連覇を達成
水泳 北島康介 …… 30

日本フェンシング界初のメダリスト
フェンシング 太田雄貴 …… 33

日本の女子バレーの復活を支える
女子バレーボール 木村沙織 …… 36

柔の心を世界に広める柔道家
柔道 山下泰裕 …… 39

小さなからだで偉業を成しとげた第58代横綱
大相撲 千代の富士 … 42

国際理解・平和編

6000人ものユダヤ人の命を救った
外交官 杉原千畝 …… 46

国連難民高等弁務官に就任
国際政治学者 緒方貞子 …… 49

世界の子どもたちの現状を多くの人に伝える
ユニセフ親善大使 黒柳徹子 …… 52

戦地に生きる人びとにシャッターをきる
報道写真家 長倉洋海 …… 55

15年間で1万6000人を失明から救った
眼科医 服部匡志 …… 58

紛争を解決し、平和をつくる
平和構築 瀬谷ルミ子 …… 61

地雷除去機の開発で大地に平和を
技術者 雨宮清 …… 64

紙の建築で被災地に希望を
建築家 坂茂 …… 67

ラモン・マグサイサイ賞を受賞
婦人運動家 市川房枝 …… 70

平和をうったえる「原爆の図」を描いた
洋画家 丸木俊 …… 72

平和へのいのりをこめて祈念像をつくった
彫刻家 北村西望 …… 75

命がけで独立運動家を支えた
女性実業家 相馬黒光 …… 78

世界に感動をあたえた日本人［下］で取りあげている人物

手塚治虫（マンガ家）
藤子・F・不二雄（マンガ家）
新海 誠（アニメ映画監督）
黒澤 明（映画監督）
小澤征爾（指揮者）
坂本龍一（作曲家）
辻井伸行（ピアニスト）

吉田 都（バレリーナ）
岩合光昭（動物写真家）
外尾悦郎（彫刻家）
岡本太郎（芸術家）
上橋菜穂子（児童文学作家）
赤羽末吉（絵本作家）
まど・みちお（詩人）

くまモン（ゆるキャラ）
山中伸弥（医学者）
大村 智（化学者）
赤﨑 勇（物理学者）
天野 篤（心臓外科医）
杉浦睦夫（技師）
山崎直子（宇宙飛行士）

「はやぶさ」プロジェクト
（小惑星探査機）
「京」プロジェクト（スーパーコンピュータ）
「Pepper」プロジェクト（人型ロボット）
池田菊苗（化学者）

スポーツ編

オリンピックやパラリンピック、大リーグ、ワールドカップなど、スポーツの祭典で活躍し、世界に名をとどろかせた日本人選手がいます。彼らが手にした栄光の裏には、計りしれない努力と練習の日々、そして、苦難や挫折がありました。

野球

「ワールドチャンピオン」の夢をかなえた怪物
松井秀喜

プロフィール
1974年6月12日石川県生まれ。1992年に読売巨人軍に入団。2003年にニューヨーク・ヤンキースと契約。ワールドシリーズでは日本人としてはじめてMVPにかがやく。2013年国民栄誉賞を受賞。

▲2009年のワールドシリーズで、先制2ランホームランを放つニューヨーク・ヤンキースの松井秀喜。チームをワールドチャンピオンに導き、MVPを獲得した。

「ゴジラ」の愛称で日米で親しまれる

野球少年たちのあこがれは、甲子園、プロ野球、そしてアメリカのメジャーリーグで活躍することではないでしょうか。そのすべての夢をかなえた日本人が、松井秀喜です。

松井は高校時代、甲子園球場で行われる春の選抜高等学校野球大会（春の甲子園）と夏の全国高等学校野球選手権大会（夏の甲子園）に4度、出場しました。18歳で入団した読売巨人軍では、10年間で332本のホームランを打つなど、日本のプロ野球界ですぐれた記録を残します。そしてあこがれのメジャーリーグのチームに移籍し、アメリカの年間チャンピオンを競う「ワールドシリーズ」では、MVP（最優秀選手）にも選ばれました。

松井はまだ小学3年生だったころ、お父さんから「努力できることが才能である」と教

▲1992年8月16日、高校最後の夏の甲子園にて。星稜高校の松井は、対戦相手の明徳義塾高校に「5打席連続敬遠される」という伝説を残し、チームも敗退した。

えられました。そのことばを胸に刻んで、毎日きびしい練習を重ねて、すばらしいバッターへと成長していったのです。松井はそのパワーあふれる打撃から、「ゴジラ」というニックネームで親しまれ、日米の野球界で活躍し、多くの感動をもたらしてくれた日本を代表する野球選手のひとりです。

大きく生まれ大きく育つ

松井秀喜は1974年6月12日、石川県能美郡根上町（現在の能美市）で誕生しました。生まれたときの体重は3960グラムもあり、とても大きな赤ちゃんでした。野球をはじめたのは3歳のころ。お父さんや4歳上のお兄さんとよくキャッチボールをしていました。松井はもともと右ききでしたが、小学3年生のころ、大きなホームランばかり打つ弟にくやしがったお兄さんから「左で打ってみろ」と言われて左打ちになりました。

4年生からは柔道もはじめ、めぐまれた体格とすぐれた運動神経で、県大会3位の成績を残します。それでも5年生で地元の野球クラブに入ると、野球に集中するようになりました。

中学に入ったころには、身長が170センチメートルもあり、1年生から野球部のレギュラーで活躍。さらに野球の名門・星稜高校に進学すると、そこでもすぐにチームの中心選手となります。1年生の夏にあこがれの甲子園初出場を果たしますが、初戦敗退のくやしさを味わいます。しかし、2年生の夏、3年生の春の大会では松井がホームランを打つ活躍をし、ベスト4、ベスト8まで勝ちすすみました。そしてむかえた高校最後の夏の甲子園。3年生になった松井は「ゴジラ」というニックネームで、ほかのチームからおそれられる存在に成長していました。ところが2回戦、相手チームは松井のホームランを阻止しようと、「5打席連続敬遠*」という前代未聞の戦術に出たのです。松井は一度もバットをふることなく、チームも試合に敗れます。この試合は多くの波紋をよび、また松井の影響力を知らしめるできごとにもなりました。

▼2000年の日本シリーズ（プロ野球のチャンピオンを決める試合）で読売巨人軍が優勝し、場内を一周する長嶋茂雄監督（左）とMVPを獲得した松井。

*敬遠…ピッチャーが意図的にバッターの打てないところへ投球すること。

プロ野球からメジャーリーグへの挑戦

1992年、松井は高校卒業後にプロ野球の道へ進むことを決断し、長嶋茂雄監督率いる読売巨人軍に入団。ここから松井の快進撃がはじまります。1年目でレギュラーになると2年目には20本のホームランを打ち、チームは日本一に。6年目には34本のホームランと100打点の成績をあげ、ホームラン王と打点王にかがやきました。

そして2003年には、野球の本場であるアメリカにわたり、メジャーリーグでの挑戦がはじまりました。ニューヨーク・ヤンキースに入団した松井は、チームの本拠地でのデビュー戦で満塁ホームラン（グランドスラム）を放つ偉業を成しとげ、2年目にはチームの中心打者として活躍する4番の打席に定着します。4年目の2006年には試合中に左手首を骨折するけがに見舞われ、このときに日本のプロ野球時代から続いていた連続試合出場記録が1768で途切れてしまいました。しかし、4か月後には復帰、2009年にはチームがリーグ優勝をかざり、メジャーリーグのナンバー1を決めるワールドシリーズに進出しました。松井の活躍で、ヤンキースは9年ぶりにワールドチャンピンの座を手に入れました。

翌年、松井はロサンゼルス・エンゼルスに移りますが、けがによる故障などに悩まされて思いどおりの成績が残せず、さらにふたつのチームを移籍したあと、2012年の終わりに現役を引退しました。

引退後、これまでの活躍がみとめられ、恩師である長嶋氏と共に国民栄誉賞を受賞。現在は、ニューヨークを拠点に日米の野球界と深くかかわりながら、さらなる野球の発展のための活動を精力的に続けています。

世界が感動した瞬間

ワールドシリーズで日本人初のMVPを獲得

野球の本場・アメリカでも、さらに注目を集めるのが「ワールドシリーズ」。その年のメジャーリーグナンバーワンを決める優勝決定戦です。2009年11月4日、ニューヨーク・ヤンキース対フィラデルフィア・フィリーズのワールドシリーズ第6戦。松井秀喜が2回にむかえた初打席。8球目をフルスイングした打球はライトスタンド2階席へ。先制の2ランホームランです。その後も3安打6打点の大活躍をして試合は7対3でヤンキースが勝利。松井が日本人としてはじめてワールドシリーズのMVPにかがやいた瞬間です。

メジャーリーグ

ナショナルリーグとアメリカンリーグの2リーグ制で、全30球団。各チームが162試合のペナントレースを戦ったあと、上位チームによるプレーオフが行われ、最後にワールドシリーズで優勝チームが決まります。

もっと知りたい

松井秀喜ベースボールミュージアム

住所：〒929-0126
石川県能美市山口町タ58
開館時間：9:00～17:00
休館日：毎週火曜日および12月31日～1月2日

松井秀喜の功績を残す資料館。幼少期の写真から高校時代のユニフォーム、読売巨人軍時代やメジャーリーグ時代の新聞記事などが展示されています。プロ野球選手として国内外で活躍した20年の歩みを知ることができます。

男子サッカー

サッカー界のレジェンド

三浦知良

プロフィール
1967年2月26日静岡県生まれ。15歳で単身ブラジルへ留学、19歳で現地の名門クラブとプロ契約を結ぶ。日本におけるサッカーブームの火つけ役といえる。Jリーグ最年長得点記録の保持者。

▲日本初の50代Jリーガーとして現在も活躍する三浦知良。写真は、シュートを放つようす。

50歳の現役Jリーガー

　三浦知良は、Jリーグスタート時から中心選手として活躍し、長年、日本のサッカー界を支えてきた選手です。日本のサッカー選手がまだほとんど海外ではプレーしていない時代、三浦は15歳で単身ブラジルにわたり、19歳で現地のサッカーチームとプロ契約を結びます。日本にもどってからはJリーグ、日本代表チームで活躍し、日本でのサッカー人気を高めました。

　明るい人柄とプレーの華やかさから、「カズ」「キング・カズ」とよばれ親しまれていますが、その裏にはさまざまな苦労と努力がありました。それでもサッカーが大好きという気持ちを持ちつづけ、多くの選手が30代で引退していく中で、50歳になっても現役選手であることにこだわります。プロとしてプレー

する国内最年長のサッカー選手です。

日本代表としては国際Aマッチ1試合最多得点記録、通算得点記録55得点。さらにJリーグでは第1回の年間最優秀選手賞を受賞、最年長ゴール記録など、数かずの実績をあげ、多くの日本のサッカーファンにとって、三浦の存在そのものがほこりとなっています。

ブラジルでプロデビュー

三浦知良は1967年2月26日、サッカーがさかんな静岡県静岡市で生まれました。父方のおじが市内でフットボールクラブの監督をしていたこともあり、物心がつくころには自然とサッカーボールにふれているような環境で育ちました。小学4年生のころには、ボールを落とさずに何度もけるリフティングを5000回以上もできるほどのテクニックのあった三浦でしたが、小柄だったこともあり、中学時代までは際立った活躍をすることはありませんでした。

ただ小さいころからおじに見せてもらった海外サッカーのビデオで、ブラジルへのあこがれを抱き、いつしか「ブラジルでプロサッカー選手になる」という夢をもつようになります。そしてとうとう15歳のとき、ブラジル留学へと旅立ちます。

1982年12月、ブラジルでサッカークラブのジュニアチームの練習生として寮生活がはじまりました。ことばの壁、生活環境のちがいなどでホームシックになりながらも、三浦はがまん強く練習を続けます。そして出場した試合での活躍が評価され、名門チームのサントスFCと契約。ブラジルでプロサッカー選手になるという夢を実現させます。その後いく

▲1993年、ワールドカップアメリカ大会のアジア最終予選でシュートを決め、ガッツポーズをする三浦。

つかのチームに移籍しながら活躍を続け、ブラジルでの「カズ」の知名度は少しずつ高まっていきました。

いつかはワールドカップに出たい。そう強く願っていた三浦は、日本代表チームに選出されるためには、日本のチームで活躍したほうが可能性が高いと、日本への帰国を決意します。Jリーグ開幕を目前にしていくつものチームが三浦の獲得に乗りだしました。1990年、三浦は読売サッカークラブ（現在の東京ヴェルディ）への移籍を決めます。

さらにこの先へ

1993年、Jリーグが開幕すると、日本にサッカーブームがまきおこります。三浦はブラジル仕こみの華麗なテクニックでファンを魅了し、その年の年間最優秀選手賞、翌年にはアジア年間最優秀選手にも選ばれ、名実ともに日本を代表するサッカー選手となりました。

あこがれのワールドカップへの挑戦は1993年、アメリカ大会予選にはじまります。1次予選で9ゴール、最終予選で4ゴールをあげる活躍を見せますが、最終戦でイラクに同点に追いつかれワールドカップにはとどきませんでした。この試合は「ドーハの悲劇」とよばれています。

次のフランス大会を目指した、4年後の最

終予選。日本のワールドカップ出場をかけたイラン戦で先発しましたが、1点を勝ちこされて途中交代。日本は逆転して待望のワールドカップ出場をかなえましたが、1998年の本戦出場のメンバーに三浦の名前はありませんでした。

子どものころからあこがれていたワールドカップには出場できませんでしたが、三浦は前を向きつづけました。日本と海外のプロチームの移籍をくりかえしながらさらに経験をつみ、現在は横浜FCで監督補佐を兼任しながら、現役生活を続けています。

サッカーは前半と後半45分ずつの90分間、ボールを追いつづけるスポーツです。10代、20代のトップレベルの身体能力をもつ選手たちと試合で戦うのはやすいことではありません。しかし三浦は年齢と共に変化していく自分のからだと向きあい、肉体をきたえ、体

▲2005年にはオーストラリアのクラブチーム「シドニーFC」に移籍し、日本人としてはじめてFIFAクラブ世界選手権に出場した。

調管理を行い、プロとして最高の状態を維持する努力を続けて試合にのぞんでいます。

「きれいな終わり方よりも、自分が納得して終わりたい」。三浦は引退を問われてこう答えています。サッカー界のレジェンドは、自分で道を切りひらき、さらに新しい道を目指して歩みつづけているのです。

世界が感動した瞬間

チャリティー試合でゴール！

2011年3月29日大阪府の長居スタジアム。同月11日に起こった東日本大震災の慈善試合として「東北地方太平洋沖地震復興支援チャリティーマッチ がんばろうニッポン！」が開催されました。三浦知良はJリーグ選抜チームのメンバーに選出され、後半17分から途中出場。後半37分にゴールキーパーと1対1の場面から見事にゴールを決め、カズダンスを披露し、4万人をこえる観客を大いにわかせました。日本全体が悲しみにくれているなかで、多くの人びとに前を向く元気をふきこんでくれた瞬間です。

▲ピッチで笑顔を見せる三浦と元日本代表監督の岡田武史（写真右）。

カズダンス
三浦が得点を入れたときにするゴールパフォーマンス。手を大きくふり回しながらブラジルのサンバのような細かいステップをふみ、最後にポーズを決めます。

もっと知りたい

足に魂こめました
カズが語った［三浦知良］

一志治夫 著（文藝春秋）

サッカーとの出会いから1993年のワールドカップ予選出場までの軌跡をたどった1冊。数かずの逆境を乗りこえながら夢に向かって努力を続けた、三浦知良のサッカー人生を知ることができます。

女子サッカー

澤穂希

アジア人初の「FIFA女子最優秀選手賞」を受賞

プロフィール
1978年9月6日東京都生まれ。15歳で日本代表に選出される。オリンピック4大会、ワールドカップ6大会連続出場。日本代表歴代トップの205試合に出場し、83得点を記録。

▲2011年FIFA女子ワールドカップの優勝トロフィーをかかげて喜ぶ、サッカー日本女子代表「なでしこジャパン」。中央がキャプテンの澤穂希。

女子ワールドカップで優勝！

サッカー選手ならだれもが思い描く夢。それはワールドカップに出場し、優勝すること。
2011年7月17日、FIFA（国際サッカー連盟）女子ワールドカップドイツ大会決勝。1-2でアメリカにリードされていた日本は、延長戦の後半12分、澤穂希のシュートがゴールネットをゆらし、同点に追いつきます。そのあとのPK戦を制して、サッカー日本女子代表「なでしこジャパン」ははじめての世界一にかがやき、その夢を果たしました。
澤はこの大会で得点王と最優秀選手賞も獲得。その年のFIFA女子最優秀選手賞にも、アジア人選手としてはじめて選ばれました。
15歳で日本代表デビューをしてから引退するまでの22年間、日本代表選手として出場したのは205試合、決めたゴールは83得点。ど

ちらも男女を通じてトップの記録です。
　常に日本女子サッカー界のエースとして活躍してきた澤は、日本中に女子サッカーの魅力を伝え、夢に向かってチャレンジすることの大切さを教えてくれました。

くやしさをバネに世界にいどむ

　澤穂希は1978年9月6日、東京都府中市で生まれました。お兄さんがサッカークラブに入ったのをきっかけに、6歳のときからサッカーボールをけりはじめます。
　すぐにサッカーに夢中になり、小学2年生で市の名門サッカーチーム「府ロクサッカークラブ」に入りました。そのころは女子でサッカーをする人はほとんどいませんでしたが、足が速く体格もよかった澤はいつも男子といっしょに練習し、選手として試合にも出て活躍しました。
　小学6年生のとき、当時日本一の強豪といわれていた女子サッカーのクラブチームに練習生として参加することになりました。ここでは10歳以上も年上の、日本代表として活躍する女子選手といっしょにきびしい練習をこなしました。毎日きずだらけ、どろだらけになりながら、ついに15歳でアジア女子選手権大会に出場する日本代表選手に選ばれました。
　16歳でスウェーデンではじめての世界大会、女子世界選手権に出場。日本代表選手の地位を確かにした澤は、1996年のアトランタオリンピックに出場しますが、世界の強豪に3連敗、大きなくやしさだけが残りました。
　外国チームとの差を痛感した澤は、「身体能力、技術力の高い選手たちといっしょの環境でプレーすれば、きっとうまくなるはず」

▲6歳のときに、はじめてサッカーボールをけった。

と考え、アメリカへわたります。2001年、アメリカで女子サッカーリーグが誕生し、澤もプロ選手としてプレーすることになりました。
　サッカーは90分間という限られた試合時間の中ですばやい判断力が求められるスポーツです。きびしい環境で技術をみがき、スピーディーなプレーと判断力を身につけた澤は、「クイック・サワ」とよばれるほど注目されるようになりました。

▼INAC神戸レオネッサでプレーする澤。チームは全日本女子サッカー選手権大会で3連覇を達成した。

女子サッカーの未来のために

アメリカでの経験は、澤を大きく変えました。海外の選手に負けないからだの強さや技術だけでなく、世界で戦うために必要な精神的な強さも身につけていきました。その後、日本にもどった澤は、世界で戦えるチームを目標に、日本の女子サッカー界、選手たちを引っぱりました。サッカー日本女子代表「なでしこジャパン」は世界の強豪国と競いあえる実力を備えていきます。

そして澤を中心にしたチームは、アテネオリンピックベスト８、北京オリンピックベスト４という成果をつなぎ、ついに2011年のワールドカップではじめてアメリカを破って優勝を勝ちとります。翌年のロンドンオリンピックでも銀メダルを獲得しました。

澤は、小さいころ、お母さんに言われた「チャンスの波に乗りなさい」ということばを大切にしています。さまざまな苦難にも、そのことばを胸にチャレンジしてきました。

男の子といっしょにボールを追いかけていた当時から、サッカーは男の子が中心のスポーツでした。こうしたなかで15歳から日本代表選手として活躍を続けてきた澤は、今も男子サッカーと比べてクラブチームも少なく、女子がサッカーをする環境が十分に整っていないことを実感しています。だからこそ女子サッカーの魅力、楽しさをたくさんの人に伝えたい、という思いが強くあるのです。

「夢は見るものではなく、かなえるもの」。澤が大事にしているもうひとつのことばです。ひとりでも多くの人にこのことばを信じてほしいと、選手を引退したあとも、日本の女子サッカーや大好きなスポーツの未来のために、新たな舞台で活躍を続けています。

世界が感動した瞬間

FIFA 女子最優秀選手賞を受賞

2012年１月、スイスのチューリッヒで行われたFIFA女子最優秀選手賞の授賞式。前年に世界でもっとも活躍した女子サッカー選手、女子最優秀選手賞に澤穂希の名前がよばれ、会場は大きな拍手に包まれました。サッカー界でもっとも権威ある賞を、男女を通じてアジア人としてはじめて受賞。澤は和服姿で登壇し「女子サッカーにたずさわってきたすべての人のおかげだと思います」と語りました。またこの年は女子チーム最優秀監督賞に日本代表監督の佐々木則夫氏、フェアプレー賞に日本女子代表が選ばれました。

FIFA最優秀選手賞
国際サッカー連盟が、毎年もっとも優れた活躍をした男子・女子のサッカー選手におくる賞。澤が受賞した2011年FIFA女子最優秀選手賞の発表は2012年１月９日、チューリッヒで行われました。

もっと知りたい

なでしこキャプテン！
夢は見るものではなく、かなえるもの

澤穂希 作（集英社）

小学生のころの思い出、はじめてのオリンピックからワールドカップ優勝の瞬間までをふりかえます。「好きなことをがむしゃらにやる」「自分を信じて仲間を信じる」など、夢をかなえるために大切なものを教えてくれます。

テニス 世界ランキング5位のアジア王者
錦織 圭

プロフィール
1989年12月29日島根県生まれ。17歳でプロデビュー。2017年3月現在、世界ランキング5位。グランドスラム4大大会シングルスでは日本人、アジア人選手としてはじめての決勝進出を果たす。

◼ 世界チャンピオンを目指して

錦織圭は、世界にほこる日本のプロテニスプレーヤーです。プロテニスは、世界が舞台のスポーツです。ATP（男子プロテニス協会）が世界各国でひらく、ATPワールドツアーというグレード別の大会に、毎週のように出場します。世界中をまわって試合をしながら、より上位の大会を、そして優勝を目指すのです。

錦織は、このATPのランキングで2015年にアジア人選手として最高の4位になりました。また2014年にはATPワールドツアーでもっともレベルの高いグランドスラムとよばれる4大大会のひとつ、全米オープンで準優勝を果たし、2016年のリオデジャネイロオリンピックでは銅メダルにかがやきました。

将来は広い世界に羽ばたいてほしいと、外国でも親しまれそうな「圭＝Kei」と名づけられた錦織は、小学校の卒業文集に「夢は世界チャンピオンになること」と書いています。

13歳で海外に旅立ち、テニスの世界チャンピオンを目指して戦いを続ける錦織。一歩一歩着実に、日本の、アジアのテニスの歴史をぬりかえています。

◼ 13歳でアメリカへテニス留学

錦織圭は1989年12月29日、島根県松江市で生まれました。5歳のとき、お父さんが買ってきたラケットでテニスをはじめました。最初はコーチの経験があるお父さんがテニスを

▶リオデジャネイロオリンピックでサーブを放つ錦織圭。

▲2014年の全米オープンでは決勝進出を果たし、アジア人としてははじめてのグランドスラム準優勝をとげた。

教えてくれましたが、錦織は運動神経が抜群ですぐに上達し、本格的にテニスが学べるようにとテニススクールに入れられました。

小学校時代はテニススクールに通いながら、たくさんの大会に出場しました。小学3年生のときに島根県の12歳以下の大会で優勝。5年生のとき全国小学生テニス選手権でベスト8になると、「プロになりたい」「テニスで生きていく」と口にするようになりました。そして6年生ではジュニアの3大テニス大会のすべてで優勝し、ジュニア3冠を達成します。

このころ、錦織の活躍が、世界を目指すジュニアの育成をする元プロテニス選手の松岡修造の目にとまります。また日本のテニス界では、才能ある若者をアメリカに留学させ、世界で活躍できるテニス選手を育てる「盛田ファンド」という制度が誕生していました。錦織はその4期生に選ばれ、アメリカで本格的にテニスを学ぶことになりました。

錦織はわずか13歳でアメリカに旅立ちます。留学先はIMGアカデミーといい、世界中からテニスやサッカー、ゴルフなどのプロを目指す若者が集まるトップアスリートの養成所です。錦織は最初は英語が話せず、ホームシックになりましたが、次第に生活に慣れ、テニスの実力も上がり、世界のジュニア大会で優秀な成績をあげるようになりました。

▲2016年のATPワールドツアー・ファイナルにて、準決勝の試合後に世界王者のジョコビッチ（セルビア）と健闘をたえあう。

世界のトップたちとの戦い

2007年10月、錦織はプロ宣言をし、17歳でATPワールドツアーへの挑戦がはじまりました。翌年2月にはデルレイビーチ国際テニス選手権大会でATPワールドツアー初優勝をかざり、その年の最優秀新人賞を受賞。最初は順調でしたが、毎週のように世界各地でプレーしつづけることでからだに負担がかかり、ついに右ひじをいため、長期にわたりツアーから離脱することになってしまいました。

翌年、復帰した錦織は調子を取りもどし、2011年の上海マスターズでベスト4になります。このとき松岡修造が所持していた日本人最高の世界ランキングの記録をこえ、30位になりました。また11月のスイスの試合では、ランキング1位のノバク・ジョコビッチを準決勝で破りました。世界1位の選手に勝利したのは、日本テニス史上初の快挙です。

錦織は着実に実力をのばし、2014年にはグランドスラムのひとつ、全米オープンで、アジア人選手初の決勝進出を果たします。試合には敗れましたが、その年の終わりには世界ランキング5位となり、トップ選手8人しか出場できないATPワールドツアー・ファイナルにも出場し、ベスト4になりました。

世界大会で上位に進出する安定した実力をつけた錦織は2016年のリオデジャネイロオリンピックでは準決勝で敗れたものの3位決定戦で勝利し、銅メダルを獲得しました。

世界中をめぐり、ときには4時間をこえる熱戦がくり広げられるプロテニスの世界。海外の選手に比べ小柄な錦織ですが、多彩なショット、すぐれた判断力で外国人選手たちのパワーとテクニックにいどみ、勝利を積み重ね、頂点への道をかけのぼっています。

世界が感動した瞬間

全米オープン準優勝

2014年9月8日17時、日本時間では9日の早朝6時からはじまった全米オープンの決勝戦を、日本でも多くの人たちが見守りました。日本人初のグランドスラム制覇の夢。しかし錦織圭は対戦相手のマリン・チリッチに敗れ、おしくも準優勝に終わってしまいました。錦織は4回戦、準々決勝で4時間をこえる激闘の末に勝利。2日前の準決勝もランキング1位のジョコビッチに1セットを落としながら勝利していました。決勝戦はあと一歩およびませんでしたが、錦織は試合後、「またこの舞台にもどってきたい」と力強く語りました。

テニスのグランドスラム

国際テニス連盟が定めたテニストーナメントの最高位、全豪オープン、全仏オープン、ウィンブルドン選手権、全米オープンの4大会のこと。またひとりの選手がこの4大会すべてを制することもグランドスラムといいます。

もっと知りたい

オリンピックのアスリートたち 錦織 圭

本郷陽二 編（汐文社）

負けずぎらいだった幼少時代から13歳でアメリカへ留学したときのこと、ジャパンオープンでの優勝、2012年ロンドンオリンピックでのベスト8にいたるまでの道のりなどを紹介しています。

車いすテニス

障がい者スポーツの未来を切りひらいた
国枝慎吾

プロフィール
1984年2月21日東京都生まれ。2010年男子車いすテニス初の4年連続世界チャンピオン達成。北京、ロンドンパラリンピックでは2大会連続金メダルを獲得。

▲2008年、初のシングルス金メダルを獲得した、北京パラリンピック決勝戦での国枝慎吾。車いすテニスは、テニスの技術だけでなく車いすを自在にあやつるチェアワークも求められる。

世界を舞台に活躍する

　国枝慎吾は、テニスの世界4大大会グランドスラムの車いす部門で、シングルス20回、ダブルス20回、合わせて40回優勝をした男子世界歴代最多の記録をもつ、プロ車いすテニスプレーヤーです。アテネ、北京、ロンドン、リオデジャネイロと4回のパラリンピックにも出場し、シングルスとダブルスで合わせて3つの金メダルも獲得しています。

　車いすテニスのルールは、ツーバウンドまでにボールを打ちかえすこと以外は、ルールもコートの大きさもボールも、すべて通常のテニスと変わりありません。国枝は10年以上、世界のトップ選手として各国で行われる大会にいどみつづけています。それまで日本では障がい者スポーツは一般的ではありませんでしたが、2004年のアテネパラリンピックで、

国枝と齋田悟司とのダブルスが金メダルをとり、注目されるようになりました。「障がいをもつ子どもたちの夢になりたい」と、国枝は2009年にプロに転向しました。日本の障がい者スポーツのイメージを変えた、世界にほこる選手のひとりです。

パラリンピックで金メダル

国枝慎吾は1984年2月21日、東京都で生まれました。野球が大好きで、元気に走りまわっていた少年が、小学4年生になる春休みに突然、腰にいたみを感じます。病院で検査を受けると脊髄に腫瘍が見つかり、翌日すぐに手術を受けました。命は助かりましたが両足は動かず、車いすの生活がはじまりました。

3キロメートルほどはなれていた小学校、中学校にも自分ひとりで通い、車いすでもそれまでと変わらずに友だちといっしょにバスケットボールなどをして遊んでいました。車いすテニスに出合ったのは小学6年生のとき。お母さんにすすめられて、テニスクラブにある車いすテニスのクラスに入りました。最初は乗り気でなかった国枝ですが、実際に見てみるととてもはげしいスポーツで、本格的にやってみたいと思うようになったのです。

高校生になると週の半分以上をテニスの練習についやし、ぐんぐん実力をつけていきます。海外の大会にも出場するようになりましたが、遠征には費用がかかるため、20歳になったらやめようと考えていました。

最後の試合と決めて出場した2004年のアテネパラリンピック。ダブルスで金メダルを獲得すると、20歳の国枝は日本でも注目されるようになりました。通っていた大学では、卒

▲2012年のロンドンパラリンピックにて、車いすテニス男子シングルスの表彰式で金メダルを手にする国枝。

業後も国枝を職員として採用し、選手としての活動を応援してくれるようになったのです。いっぽう、国枝自身はシングルスで金メダルをとれなかったことがくやしくて、次の北京パラリンピックで金メダルをとろう、という大きな目標ができました。

▲試合中、得意のバックハンドを放つ国枝。

プロとして全力で戦う

　国枝は、得意技であるバックハンドの練習に力を注ぎ、2006年にはグランドスラムで初優勝。世界ランキング1位へとおどりでます。2007年になるとさらに勢いを増し、男子シングルスの世界大会すべてで優勝し、車いすテニス史上初の年間グランドスラムを達成します。そして待ちに待った北京パラリンピック・男子シングルス決勝。前回の金メダリストを破り、ついに金メダルを手にしました。

　北京パラリンピックのあと、国枝は大学の職員をやめてプロの車いすテニス選手になります。プロ選手は競技による収入で自分の生活を支えなければいけません。でも自分がこの道を切りひらくことで、障がいをもつ子どもたちに夢や希望をもってほしいと考えたのです。

　そして2010年9月には、車いすテニス初のシングルス100連勝を達成しました。絶対王者とまでいわれた国枝ですが、そのころ、連戦の影響と得意のバックハンドによる負担が重なって、ひじのいたみに悩まされるようになります。そして2012年、ついに決断をしてひじの手術を受けます。しかし治療期間中も筋力トレーニングを続け、その年のロンドンパラリンピックでは、目標だったシングルスでの2連覇を成しとげます。2016年の3連覇をかけたリオデジャネイロパラリンピックでは、男子シングルスは準々決勝で敗れてベスト8に終わりますが、男子ダブルスでは日本人対決を制して銅メダルを獲得します。

　車いすテニスの魅力を伝え、障がい者スポーツへの理解を広げるために、すばらしい試合を見せてくれる国枝。2020年に東京パラリンピック開催が決まり、さらなる未来の目標に向かって、挑戦を続けています。

世界が感動した瞬間

パラリンピック2連覇

　2012年9月8日、ロンドンパラリンピック車いすテニス男子シングルス決勝はフランスのステファン・ウデ選手との対戦でした。2010年に国枝慎吾の連勝記録を107で止めたのがウデ選手。最大のライバルです。パワフルなサーブとショットでゆさぶるウデ選手。しかし国枝はたくみなチェアワークで懸命に追いつきボールを打ちかえします。第1セット6－4で国枝が先取。流れをつかむと第2セットを6－2でうばい勝利。北京パラリンピックに続く金メダルでパラリンピック2連覇を達成した瞬間です。

パラリンピックの車いすテニス

1992年のバルセロナパラリンピックから公式競技となった車いすテニス。男女のシングルスとダブルスのほか、アテネパラリンピックからは男女混合のクァードクラス（車いす使用の四肢まひのある選手が対象）が正式種目となっています。

もっと知りたい

まるわかり！パラリンピック

日本障がい者スポーツ協会 監修
（文研出版）

「もうひとつのオリンピック」ともよばれるパラリンピック。競技の見どころやルールの説明と共に、パラリンピック選手やパラリンピックを支える人たちの物語も紹介されています。

女子レスリング

吉田沙保里

公式戦で119連勝し世界大会では16回連続優勝

プロフィール
1982年10月5日三重県生まれ。3歳でレスリングをはじめ、4度のオリンピックに出場。2012年に国民栄誉賞を受賞。現役を続けながらレスリング女子日本代表コーチもつとめる。

▲「霊長類最強女子」の異名をもつ吉田沙保里。

世界最強の女王

　レスリングは相手をたおして、両肩をマットにつければ勝ち、というスポーツです。女子レスリングで活躍する吉田沙保里は、タックルを得意技とし、すばやい動きで相手の足元に入りこんで勝利をねらいます。その高い技術はライバルたちを圧倒し、世界選手権では2002年から13大会で連続優勝、オリンピックと世界選手権を合わせて世界大会16回連続優勝という前人未到の記録を打ちたてます。また国内外での公式戦で負け知らずの119連勝を成しとげ、「無敵の女王」「世界最強の女王」とよばれました。

　吉田のお父さん、栄勝氏もレスリングの元日本代表選手でした。しかしオリンピック出場はかなわず、その夢を娘にたくしました。女子レスリングは2004年のアテネオリンピックから採用された競技です。吉田はこの大会に55kg級の選手として出場しました。その後

も日本代表選手としてこれまで4回のオリンピックに出場し、3つの金メダルと1つの銀メダルを獲得。日本の女子レスリングの強さを世界に知らしめた選手のひとりです。

目標だったオリンピック

吉田沙保里は1982年10月5日、三重県津市で生まれました。レスリング選手だったお父さんがふたりのお兄さんのために自宅を改築してつくった道場で、3歳からレスリングをはじめました。お父さんの指導はとてもきびしく、ときには「やめたい」と思うこともありました。そんなときお母さんがやさしくはげましてくれ、吉田はレスリングを続けることができました。

小さいころからレスリングの大会に出場していた吉田は、きびしいトレーニングで身につけたすばやい動きで男子選手とも戦い、引けを取らない活躍を見せました。

もっと強くなりたいと練習を積んだ吉田は、16歳のときに全日本女子選手権51kg級で準優勝をかざります。世界の舞台で勝つことを目指し、親元をはなれて女子レスリングの名門、

▲2003年の全日本選手権では、ライバルの山本聖子（写真上）を破り、アテネオリンピックへの切符を手にした。

中京女子大学（現在の至学館大学）へ進学し、新たな指導者、栄和人監督と出会います。オリンピックに出場した経験をもつ栄監督のもとで技術をみがき、2000年、2001年の世界ジュニア選手権で2連覇を果たします。

もともとレスリングは日本のお家芸ともいわれ、日本の男子選手がオリンピックで多くのメダルを獲得していた競技。そこに女子レスリングがアテネオリンピックではじめて採用され、注目されるようになりました。2002年、2003年の世界選手権を制した吉田は、アテネオリンピック代表選考レースで最大のライバルだった山本聖子を破り、女子55kg級の代表選手としてはじめてのオリンピック出場をつかみとりました。

▶ロンドンオリンピックのレスリング女子フリースタイル55kg級決勝で相手にせめこむ吉田。アテネ、北京オリンピックに続き金メダルを獲得し、オリンピック3連覇を成しとげた。

悲しみとくやしさを乗りこえて

アテネオリンピックで日本女子レスリングは4階級すべてでメダルをとり、吉田は金メダルを獲得しました。その後も吉田は無敗記録を更新しつづけ、「最強女王」とよばれます。しかし北京オリンピックを目前にした1月、中国での女子ワールドカップ団体戦で敗れ、公式戦119連勝の記録はストップ。大きなショックを受けましたが、家族やコーチたちの支えで立ちなおり、北京オリンピックではみごとに金メダルにかがやきました。

2012年のロンドンオリンピックでは、さらに大きな期待を背負い、日本選手団の旗手をつとめました。旗手となった選手は金メダルをとれないというジンクスがあるなか、積極的な試合展開で勝ちすすみ、63kg級の伊調馨と共にオリンピック3連覇を果たします。

2014年3月に、吉田を長年支えてくれた大切なお父さんを、突然の病で亡くしてしまいます。吉田は悲しみのなか、それでも「夢を忘れるな」と語っていたお父さんの思いを胸に、リオデジャネイロオリンピックをむかえます。日本選手団の主将として責任を担い、また女子個人種目ではまだだれも達成していないオリンピック4連覇をねらっていました。しかし、決勝戦で吉田はアメリカの選手に敗れます。試合後、マットに顔をふせ泣きくずれる吉田のすがたに、多くの人が心をいためました。

今、吉田はくやしい敗戦を乗りこえ、日本代表コーチをつとめながら、2020年の東京オリンピックを目指しています。日本選手が圧倒的な強さをほこる女子レスリング。その中心選手として世界で活躍を続けてきた吉田は、さらなる未来を見すえます。

世界が感動した瞬間

世界大会13大会連続優勝で国民栄誉賞を受賞

2012年9月の世界選手権で吉田沙保里は優勝し、男女通じて史上最多となる世界選手権10連覇、さらに世界大会(オリンピック+世界選手権)13大会連続優勝を達成しました。それ以前、ロシアのアレクサンドル・カレリン選手がオリンピックで3連覇、世界選手権9連覇を果たし「霊長類最強の男」と異名を取っていたことから、その記録をこえた吉田も、「霊長類最強女子」とよばれるようになりました。また、13大会連続世界一を達成した功績をたたえ2012年11月7日に国民栄誉賞が授与されました。

女子レスリングの階級

女子レスリングは体重によって階級が分かれています。オリンピックではリオデジャネイロ大会から2階級増え48kg・53kg・58kg・63kg・69kg・75kg級の6階級。世界選手権ではそれに55kg・60kgを加えた8階級で競技が行われています。

もっと知りたい

明日へのタックル

吉田沙保里 著(集英社)

レスリングをはじめた子ども時代の思い出から、2016年のリオデジャネイロオリンピックに向けての思いまで、トップアスリートとして今もかがやきつづける吉田沙保里のことばがつづられたエッセイです。吉田の強さのひけつを知ることができる1冊です。

体操競技

日本の体操界のエース
内村航平

プロフィール
1989年1月3日生まれ。長崎県出身。3度のオリンピックに出場。2016年のリオデジャネイロオリンピックでは個人総合、団体のふたつの金メダルを獲得。2016年12月にプロに転向した。

▲リオデジャネイロオリンピックで鉄棒の演技をする内村航平。

高度な技を美しく演じる

　日本の男子体操は長年、世界のトップレベルといわれ、オリンピックでもこれまで数多くのメダルを獲得しています。なかでも内村航平は、北京、ロンドン、リオデジャネイロの3回のオリンピックに出場し、個人総合でふたつの金メダル、さらに団体、種目別と合わせると7つのメダルにかがやいています。また世界選手権でも個人総合で6連覇を果たすなど、レベルの高い日本選手のなかでも群をぬく、世界トップの実力の持ち主です。
　男子体操競技は鉄棒、床、跳馬、つり輪、あん馬、平行棒の6つの種目で競われます。内村はそのすべての種目で、むずかしい技を完ぺきにこなし、ほかの選手にはまねのでき

ない美しい演技で高得点をたたきだします。

体操競技は、演技の技術を高めるだけでなく、試合では本来の力を出しきれる精神力も大切です。内村は日々の練習や、これまで出場してきた大会を通して美しい技と強い精神力をみがき、緊張する舞台でも自分の実力を発揮して、世界のトップ選手としての活躍を続けています。

15歳で上京し名門体操クラブへ

内村航平は1989年1月3日、元体操選手の両親のもとに生まれました。両親は、内村が3歳のときに、スポーツクラブをはじめました。小さいころはその体育館が内村の生活の場でもあり、朝から晩まで、マットや鉄棒、トランポリンを身近な遊び道具として、体操に親しみながら育ちました。

小学生になると、内村はいくつもの体操の大会に出場するようになります。また、両親といっしょに東京にある日本を代表する体操クラブを訪れ、トップクラスの選手たちの練習を見たり、教えてもらったりという経験をすることで、自分ももっと上手になりたい、いつかオリンピックに出たいと強く思うようになりました。

中学時代の内村は、最高で全国42位の成績と、まだまだ無名の選手でした。けれど、高校に進学するとき、大きな決断をします。親元をはなれて上京し、小さいころからなんども通った東京の体操クラブに入ることにしたのです。

自宅のあるスポーツクラブで練習していたときは、いつも好きな競技や技の練習ばかりしていましたが、ここではすぐれた選手になるためのきびしいトレーニングプログラムが組まれていました。同じ目標をもつ仲間たちにもめぐまれて、体操に全力で取りくんだ内村は、着実にその実力をのばしていったのです。高校3年生のとき、インターハイで個人総合2位、全日本ジュニア選手権大会で個人総合1位となります。そして体操の名門で、お父さんの母校でもある日本体育大学に進学し、1年生でなんと全日本大学選手権の個人総合優勝を果たしました。

▶2011年の世界選手権では、ゆかの種目で難易度の高い技を成功させた。この大会では、個人総合優勝を果たしただけでなく、もっとも美しい演技をした選手におくられる「エレガンス賞」も受賞した。

▲ロンドンオリンピックの体操男子個人総合で金メダルを手にし、声援にこたえる内村。

日本ではじめてのプロ体操選手

2008年、内村は19歳ではじめての北京オリンピック代表選手に選ばれます。だれもが緊張するオリンピックですが、内村はリラックスした状態でのびのびとした演技を披露し、日本代表チームを銀メダルに導き、自身も個人総合で銀メダルを獲得しました。2009年、2010年に行われた世界選手権でも、内村は個人総合優勝をかざりました。

2011年に大学を卒業するとスポーツクラブを経営する企業に入社、体操競技部に所属し、その年の世界選手権でも金メダルを獲得。しかし団体競技ではおしくも銀メダルに終わります。

体操には個人総合、団体、種目別の3つの競技があります。選手がそろって高得点を出さなければ勝てない団体競技は、チームワークが重要です。日本代表チームの中心として活躍するようになった内村は、団体で金メダルをとりたいという思いが強くなりました。

2012年のロンドンオリンピックでは、はじめて個人総合で金メダルをとりました。しかし団体では銀メダル。このくやしさを胸に、さらに仲間たちと努力を重ね、ついにリオデジャネイロオリンピックで、個人総合、団体のふたつの金メダルをとることができました。

トップ選手として活躍するために必要なことは「どんなことでもたえられる忍耐力と精神力」と内村は言います。そして2016年12月、内村は体操をもっと多くの人に知ってもらいたい、体操のおもしろさを発信し、子どもたちに普及していきたいと、体操競技では日本ではじめてのプロ選手として、活動をはじめました。新たな夢をもって東京オリンピックを目指す内村は、美しい体操で私たちを魅了しつづけます。

世界が感動した瞬間

オリンピック2連覇と団体優勝

2016年のリオデジャネイロオリンピック。日本男子体操チームが団体で金メダルにかがやいた2日後、内村航平は個人総合に出場します。絶対王者といわれた内村に立ちはだかったのは、ウクライナのオレグ・ベルニャエフ。5種目が終わり0.901点の差をつけられます。しかし最後は内村の得意な鉄棒。難度の高いはなれ技をいくつも決め、着地もピタリと決めて15.800の高得点をたたきだしました。そして0.099点差で大逆転。内村がオリンピック個人総合2連覇と個人・団体2冠を達成した瞬間です。

体操競技の採点法

体操の採点は、演技価値点（Dスコア）と実施点（Eスコア）があり、このふたつの点数を合わせたものが得点となります。Dスコアは技の難度や構成を採点。Eスコアは実際の演技に対する減点項目を10点満点から引いていきます。

もっと知りたい

オリンピックのアスリートたち
内村航平

本郷陽二 編（汐文社）

内村航平の少年時代から、「史上最強の体操選手」とよび名がついた、2012年ロンドンオリンピックでの個人総合金メダル獲得までの道すじが描いてあります。体操競技についての基本的な説明ものっている、わかりやすい本です。

フィギュアスケート
男子フィギュアスケートの新たな時代の幕をあける
髙橋大輔

プロフィール
1986年3月16日岡山県生まれ。2002年世界ジュニアフィギュアスケート選手権にて優勝。2010年バンクーバーオリンピックでは日本フィギュア男子初の銅メダルを獲得。

▲2010年、バンクーバーオリンピックのショートプログラムで演技する髙橋大輔。

技術と表現力で世界を魅了

　氷上をステージとして音楽に合わせて軽やかに舞い、ステップやスピン、ジャンプなどの技を披露するフィギュアスケート。技の技術や高い身体能力だけでなく、美しい演技をみせる表現力も求められるスポーツです。

　これまでヨーロッパやロシアの選手が中心となって活躍してきたフィギュアスケート界で、日本人でありながら男子シングルの選手として注目を集めたのが髙橋大輔でした。その後の世界ジュニア選手権での優勝や、世界選手権での活躍により、世界に日本人選手の存在感を知らしめました。

　華やかに見えて、過酷なスポーツでもあるフィギュアスケート。髙橋はひざに大けがをして選手生命の危機に見舞われたこともありました。それでも苦難を乗りこえ、2010年にはあこがれのオリンピックで銅メダルを手にすることができました。きびしい状況にあっ

ても、「なんとかなる、なんとかする」と考え、自分の可能性を信じて挑戦を続けてきた選手です。世界一といわれた軽やかなステップや、会場を魅了する豊かな表現力も、彼の努力の積みかさねがあっての成果なのです。

いつも目標は世界

髙橋大輔は1986年3月16日、岡山県倉敷市で生まれました。8歳のとき、小学校の近くにあったスケートリンクに遊びに行ったのがスケートとの出合いでした。そこでフィギュアスケートの楽しさを知りました。クラブに通いだすとさらに夢中になり、小学生のときは毎日8時間もリンクですべっていました。

ただフィギュアスケートが大好きで、リンクですべるのが楽しい。そう思っていた少年を大きく変えたのが元フィギュアスケート選手の長光歌子コーチでした。全国有望新人発掘合宿に参加した中学2年生のとき、髙橋の才能がスケート連盟の人たちの目にとまり、本格的な選手として育てたいと紹介されたのです。長光コーチから指導を受けるように

▲2012年の世界フィギュアスケート選手権にて、演技前に長光コーチと握手する髙橋。この大会で、髙橋は銀メダルを獲得した。

なった髙橋は、世界で行われている試合にも出場するようになり、16歳のときには日本人男子選手としてはじめて、世界ジュニア選手権で優勝。さらに、世界で通用する技術力を身につけるため、高校3年生のときには、長光コーチと共に半年間かけて海外各地でさまざまなコーチから指導を受けるなど、自らを追いこみました。

15歳以上が競うシニアの試合でも次第に実力を開花させていった髙橋は、2005年の全日本選手権で優勝し、翌年のトリノオリンピック出場権を勝ちとります。しかし、はじめてのオリンピックはこれまでにないほどの緊張に襲われ、実力を出しきれずに8位に終わります。直後は落ちこみましたが、こうした経験が必ず次につながる、前を向こうと髙橋は心に決めました。

このころ、髙橋は得意のステップや表現力にみがきをかけながら、大きなチャレンジをはじめました。それは4回転ジャンプです。3回転半から4回転へ、世界はさらに上のレベルへと向かっていました。日本ではまだほとんど挑戦する選手がいないなか、髙橋はなんども試合でいどみつづけ、2007年の全日本選手権ではみごと2回の4回転ジャンプを成功させました。

◀2011年の全日本選手権では4回転ジャンプを成功させ、5度目の優勝を果たした。

困難を乗りこえメダリストに

トリノオリンピックのくやしさを胸に練習を重ねていた髙橋を、悲劇が襲います。ジャンプの練習中に転倒し、右ひざの十字靱帯断裂と半月板損傷。大けがをしてしまったのです。それでも1年半後のバンクーバーオリンピックに向けてきびしいリハビリにたえ、半年後に復帰しました。

むかえた2010年のバンクーバーオリンピックで髙橋は3位となり、ついに表彰台に立つことができました。それから1か月後に行われた世界選手権ではみごとに優勝をかざり、世界チャンピオンになりました。

2014年のソチオリンピックでは、日本人フィギュアスケート選手としては初の3大会連続出場を果たします。しかし2か月前に右足をいためていた髙橋は万全の状態でいどむことができず、6位に終わります。この大会で羽生結弦が日本人男子シングル史上はじめて、金メダルを獲得しました。後輩の台頭を受け、髙橋はこの年の10月、ついに現役引退を表明します。

現在、日本の男子シングルは世界のトップレベルにあり、実力ある若い選手たちも次つぎと誕生しています。その今を築いたのは、10年以上も前から世界を目標にしていどみつづけ、男子シングルのレベルを高めてきた髙橋の存在にほかなりません。

髙橋は今、プロのスケーターとして、国内外のアイスショーの出演を中心に、新たなフィギュアスケートの可能性を切りひらくため、ほかの分野の人と協力した活動にも挑戦しています。選手時代と変わらない気持ちでたくさんの人たちにフィギュアスケートの楽しさを伝えつづけています。

世界が感動した瞬間

けがを乗りこえて日本人初の銅メダル

2010年2月19日。バンクーバーオリンピック、男子シングルフリー決勝。ショートプログラムで3位につけた髙橋大輔の演技がはじまりました。冒頭の4回転ジャンプでは転倒してしまいますが、その後のジャンプを次つぎと決めていきます。得意のステップで会場から大きな手拍子。そしてスピンでフィニッシュを決め、思わずガッツポーズをする髙橋。けがで出場さえ危ぶまれながらも、高い点数をたたきだし、日本人初の銅メダルを獲得しました。「表彰台に立ったときの感情と景色は今も忘れられない」と語ります。

ショートとフリー
試合ではショートプログラムとフリースケーティングの2回の演技をし、合計点で競います。ショートプログラムはジャンプやスピンなど入れる要素が決められていますが、フリーは原則的には自由に演技することができます。

もっと知りたい

それでも前を向くために
be SOUL2

髙橋大輔 著（祥伝社）

「自分を知る」「自分を遊ばせる」「自分を信じる」の3章だてのエッセイです。テレビのインタビューだけではわからなかったエピソードや苦悩などが描かれています。

水泳

オリンピック2種目2連覇を達成

北島康介
きたじまこうすけ

プロフィール
1982年9月22日東京都生まれ。2004年のアテネオリンピック、2008年の北京オリンピックでは100メートル、200メートル平泳ぎ共に金メダルという日本人として史上初の快挙にかがやく。

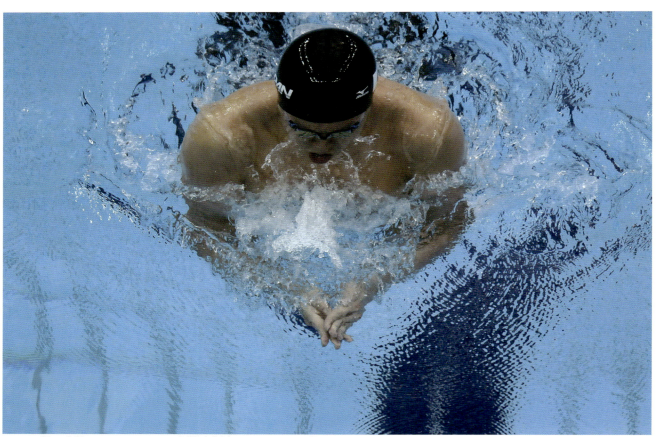

▲2008年の北京オリンピックでは世界新記録をたたきだし、金メダルにかがやいた。

努力を重ねたトップスイマー

　レベルの高い日本の水泳界で、平泳ぎのトップスイマーとして活躍した北島康介。オリンピックには4回出場し、アテネオリンピックと北京オリンピックの平泳ぎでは共に、100メートルと200メートルで金メダルにかがやきました。2種目で連続して1位になり、2連覇を果たしたオリンピック選手は日本でははじめてのこと。世界でも平泳ぎの2種目で2連覇を果たした選手はほかにいません。また、北島はこれまでに4回、世界新記録を出しています。世界を舞台に活躍し、華々しい実績を残した選手です。

　日本には小さいころからスイミングスクールに通う子どもたちがたくさんいます。北島もそのひとりでした。そして、まわりのライバルたちに負けないように一生懸命に練習し

て、大きく成長していったのです。北島を育てた平井伯昌コーチは、彼を「努力の天才」と言います。毎日毎日、プールでたくさん泳ぎ、パワーのあるからだをつくるために筋力トレーニングを続ける。つらくてもくじけずに努力を重ね、北島は大きな夢をつかみました。

平井コーチとの出会い

北島は1982年9月22日、東京都荒川区で生まれました。5歳のときに幼稚園の友だちにさそわれて水泳教室に通ったのが、水泳をはじめたきっかけです。北島が通った東京スイミングセンターは国内でもトップクラスのスクール。水の中が大好きだった北島は、すぐに上達して選手クラスに入り、毎日水泳教室に通う日々がはじまりました。

水泳にはクロール、背泳ぎ、平泳ぎ、バタフライの4つの泳法があります。小学生までガリガリにやせていた北島は、力だけではなく技術によって記録がのびる平泳ぎが自分にもっとも合っている泳ぎ方だと思い、平泳ぎを中心に練習をするようになりました。

小学4年生のとき、テレビで見たバルセロナオリンピック。北島と同じ100メートル平泳ぎで、当時の日本記録所持者だった高校生の林亨が出場しました。結果はおしくも4位。北島はくやしがりながらも、「自分もオリンピックに出たい」という夢が生まれました。

中学2年生のとき、北島は大きな転機をむかえます。それは平井コーチとの出会いです。平井コーチは北島の力強い目にひかれ、練習ではみせなかった集中力と勝負強さを発揮する試合での泳ぎに、将来への可能性を感じとりました。ここから北島と平井コーチの二人

▲高校生のときに出場した2000年のシドニーオリンピックでは、100メートル平泳ぎで4位入賞を果たした。

三脚で、世界を目指す日々がはじまったのです。

北島の強さは、後半の失速をおそれずに最初から全力で泳ぐことだと平井コーチは感じていました。そしてむかえた全国中学水泳選手権、「お前は勝てる」と力強いことばをかけると、北島は自己記録を更新し、100メートル、200メートル共に優勝することができました。

ふたりの目標はオリンピックと定まり、夢を追い努力を続けた北島は、2000年、高校3年生でシドニーオリンピック出場を決めました。準決勝で日本新記録を出しましたが、決勝では4位とメダルに手が届かず、世界との壁を感じる大会となりました。

▲2012年のロンドンオリンピックにて、400メートルメドレーで銀メダルを獲得した仲間と。

仲間に支えられたメダル

メダル獲得のため、新たな挑戦がはじまりました。パワーをつけるために科学的なトレーニングを取りいれ、映像をチェックする人や肉体を整える人、体調や精神の状態を確認する人など、さまざまな専門家で「チーム北島」をつくり、北島を支えました。

こうして肉体的にも精神的にもさらに成長した北島は、ついに2002年のアジア競技大会、200メートル平泳ぎで2分09秒97の世界新記録を出し、世界のトップスイマーにおどりでます。むかえた2004年のアテネオリンピックで、なんと100メートル、200メートル平泳ぎで優勝。大きな期待が集まった2008年の北京オリンピックでもこの2種目で金メダル。2連覇という偉業を成しとげました。また、400メートルメドレーでも日本代表チームの中心となって活躍し、アテネ、北京オリンピックと2大会連続で銅メダルにかがやきました。続く2012年のロンドンオリンピックは、100メートルで5位、200メートルは4位とメダルをのがします。すると日本代表水泳チームは「康介さんを手ぶらで帰らせるわけにはいかない」と力を合わせ、400メートルメドレーでは仲間と共に銀メダルを手にしました。

次のオリンピックの出場をねらっていた北島でしたが、国内で行われた代表選考会のレースで基準タイムに届かず、ついに引退を表明します。北島は現在、自身のスイミングスクールを設立して、後進の指導やたくさんの人に水泳を楽しんでもらうための活動を続けています。北島の強さは、自分の限界を決めず、常に上を見つめて努力を続けること。現役を引退した今も、またちがう夢、目標に向かって努力を続けています。

世界が感動した瞬間

世界新記録で金メダル

2008年8月11日。日本中の注目が集まるなか、北京オリンピック、男子平泳ぎ100メートルの決勝がスタートしました。北島康介は前半、ライバルのアレクサンドル・ダーレオーエンにトップをゆずるも、50メートルのターン後、のびやかで力強い泳ぎでからだ半分ぬけだしてタッチ。人類史上初の59秒を切る58秒91の世界新記録で金メダルを獲得しました。インタビューでは思わず声をつまらせて涙し、「なんも言えねぇ」としぼりだすように言いました。そして3日後には200メートルも制して、オリンピック2種目2連覇の偉業を成しとげたのです。

オリンピックの競泳種目

競泳の個人種目は自由形、背泳ぎ、平泳ぎ、バタフライ、個人メドレーがあります。背泳ぎ、平泳ぎ、バタフライは100メートルと200メートルの2種目、自由形は50メートルから1500メートルまで5種目に分かれています。

もっと知りたい

夢の力こぶ
北島康介とフロッグタウンミーティング

北島康介 著
（角川グループパブリッシング）

小学4年生のときにあこがれの水泳選手と泳いだことがきっかけで、オリンピックを目指すこととなった北島康介。金メダル選手から自分の夢を信じる子どもたちへ、メッセージを伝えます。

フェンシング

日本フェンシング界初のメダリスト
太田雄貴(おおたゆうき)

プロフィール
1985年11月25日滋賀県生まれ。高校時代に史上初のインターハイ3連覇を達成。北京オリンピックでは日本人初の銀メダルを獲得。ロンドンオリンピックでは団体戦の銀メダル獲得に貢献した。

▲北京オリンピック、フェンシング男子フルーレの個人準決勝でイタリア選手を破る太田雄貴。日本人選手として、はじめて決勝戦に進出した。

フェンシングの魅力を伝える

ヨーロッパで生まれたフェンシングは、日本では競技人口の少ないマイナーなスポーツといわれていました。しかし、2008年に太田雄貴が北京オリンピックで日本人としてはじめて銀メダルを獲得。フェンシングという競技が日本に知れわたるようになったのは、このときからです。フェンシングは1896年に第1回のアテネオリンピックで正式競技に採用された8競技のなかで、日本が唯一メダルをとったことがない競技でした。100年以上の

◀北京オリンピックの表彰台で、銀メダルをかかげる。翌年には、世界フェンシング連盟の国際ランキングで1位となる。

時をこえて、日本人がやっとメダルを手にしたのです。

小学3年生でフェンシングをはじめた太田は、もっと強くなりたいと、大学2年生になるまでの4270日、1日も休まずに練習を続けました。小学5年生ではじめて全国大会で優勝してから、ずっと日本のトップを走りつづけてきたのです。自身4回目のオリンピックであるリオデジャネイロオリンピックに出場後、太田は引退を発表しました。しかし、白いユニフォームに身を包み、剣を持ってたたかう美しいすがたにあこがれ、太田に続きたいという子どもたちが増えました。太田は日本のフェンシング界を大きく変えた選手といえるでしょう。

お父さんによるきびしい指導で育つ

太田雄貴は1985年11月25日、滋賀県大津市で生まれました。豊かな自然の野山をかけまわる、とても活発な子どもでした。小学3年生のとき、学生時代に選手だったお父さんにすすめられてフェンシングをはじめます。お父さんの指導はとてもきびしく、1日も休まず練習をさせられました。そしてフェンシングをはじめてわずか7か月で全国レベルの大会で優勝すると、自分はもっと強くなりたいと、自ら練習にはげむようになりました。

フェンシングは競技人口が少ないため、対戦相手がなかなかおらず、練習する場所もあまりありません。そこでお父さんは太田を、中学生や高校生など何歳も年上の選手たちと練習させました。

中学はお父さんも通ったフェンシング部のある私立の学校に通います。2年生のときに全国少年大会の中学生の部で優勝し、年齢別の日本代表選手に選ばれます。そこではじめて海外遠征を経験し、外国の選手たちのレベルの高さに大きな衝撃を受けます。当時の太田にとって、世界ははるかに遠いものでした。

国内では抜きんでた実力をもっていた太田は、高校に進学すると、インターハイで3年間優勝を飾りました。これは「史上初」の快挙です。太田はこのことばが大好きで、その後も国内のフェンシング界でなんども史上初の記録を打ちたてています。高校2年生のときには全日本選手権に出場し、優勝。わずか17歳と3日で史上最年少チャンピオンになりました。

この活躍が認められて日本代表チームに入った太田は、2004年にアテネオリンピックに出場します。しかし世界の壁は厚く、9位に終わってしまいました。

▼東京オリンピック招致活動のプレゼンターとしてIOC総会でスピーチを行い、東京オリンピック実現に貢献した。

人生が変わった銀メダル

さらに2004年のアテネオリンピック後にルール改正が行われると、ふりこみという技を得意としていた太田はなかなかポイントがとれず、勝利が遠のきます。日本代表チームにはウクライナ人のオレグヘッドコーチがいましたが、太田は自分のスタイルとはちがう、とこれまで指導を受けませんでした。しかし、勝てない日々が続いた太田は、ついにオレグコーチに「ぼくを勝たせてください」と頭を下げたのです。

こうして新たな指導者を得た太田は再び海外でも勝利を重ね、世界ランキングを上げ、2008年の北京オリンピック出場権を手にします。北京オリンピックでは3回戦で世界チャンピオンを破ると勢いに乗り、決勝戦に進出。決勝戦ではおしくも敗れたものの、日本人初の銀メダルを手にします。

その年の春に太田は大学を卒業していましたが、就職はしていませんでした。当時は注目度の低いフェンシングで、選手を応援をしてくれる企業がなかったからです。ところがメダルを獲得したことで太田の名が知られ、選手として支えたいという企業があらわれ、就職先が決まりました。環境が変わり、よりいっそうの責任を感じながら、2012年のロンドンオリンピックでは金メダルを、という思いを強くします。ところが3回戦で世界チャンピオンとあたり、今度は敗れてしまいます。失意のなか、それでも団体戦で奮起して仲間と共に決勝戦に進出、日本史上初となる団体銀メダルをとることができました。

太田は2016年に選手を引退しましたが、その後もフェンシングの魅力をたくさんの人に知ってもらう活動を続けています。

世界が感動した瞬間

仲間と共に勝ちとった銀メダル

2012年8月5日。ロンドンオリンピックの男子フルーレ団体戦がはじまりました。1チーム3選手が総当たりで合計スコアを競います。準決勝の対戦相手はドイツです。最終9ゲーム目は太田雄貴と元世界チャンピオンのヨピッヒの対戦です。残り10秒で2点差をつけられあとがなくなりますが、太田は果敢にせめて、残り6秒で1ポイント。さらに残り1秒で同点に追いつきます。そして延長戦で大逆転勝利。その瞬間、オレグコーチ、チームの仲間がかけより、勝利の喜びを爆発させました。仲間と共につかみとった最高のメダルです。

フェンシングの種目

「フルーレ」「エペ」「サーブル」の3種目があり、使用する剣やルールがことなります。「フルーレ」はしなやかな細い剣を使い、胴体の表裏に突きが入ると有効になります。「エペ」は全身、「サーブル」は上半身が有効面です。

もっと知りたい

太田雄貴「騎士道」
北京五輪フェンシング銀メダリスト

太田雄貴 著（小学館）

フェンシングをはじめた少年時代から2008年の北京オリンピックで日本人としてはじめての銀メダルにかがやくまでが描かれています。太田雄貴は小中学生時代に全日本大会を制覇、高校時代にはインターハイで3連覇した実力者です。

女子バレーボール

日本の女子バレーの復活を支える

木村沙織

プロフィール
1986年8月19日埼玉県生まれ。世界選手権に3回、オリンピック、ワールドカップに各4回出場。2012年のロンドンオリンピックでは日本代表チームのエースとして活躍し、銅メダルを獲得した。

笑顔でチームの心をひとつに

木村沙織はアテネ、北京、ロンドン、リオデジャネイロの4つのオリンピックに出場した唯一の日本女子バレーボール選手です。はじめて日本代表選手に選ばれたのは高校2年生の17歳のとき。若いながらもスパイク、レシーブ、トスとすべての技術にすぐれ、「スーパー女子高生」と話題を集めました。それから10年以上、日本の中心選手として活躍し、チームをまとめて、2012年のロンドンオリンピックでは銅メダルを獲得。日本代表女子バレーボールチームを28年ぶりのメダルに導きました。

小学生のころ、試合に負けて泣いている木村に、お母さんは「弱い自分をくやんで泣くのは、前進につながらないよ」と言いました。それ以来、つらいとき、苦しいときでも木村は笑顔を絶やさず、仲間たちを引っぱってきました。

バレーボールはチームワーク。コートに立つ選手たちの心がひとつにならなければ勝利はありません。木村は仲間を気づかい、自らも努力を重ねながら、明るい笑顔で日本代表チームの活躍を支えてきたのです。

17歳で全日本デビュー

木村は1986年8月19日、埼玉県八潮市で生まれました。ママさんバレーをしていたお母さんの影響を受けて、小学2年生から地元のチームに入りバレーボールをはじめます。

中学はバレーボール部の活動がさかんな学校に進学し、毎日練習にはげみました。入学

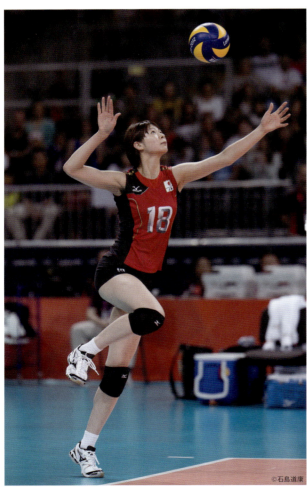

▲力強いサーブで対戦相手をせめる木村沙織。ロンドンオリンピックでは絶対的エースとして大量の得点をたたきだし、日本代表チームのメダル獲得に貢献した。

©石島道康

当時、木村の身長は163センチメートルでしたが、中学時代に約15センチメートルものび、高校生になると180センチメートルをこえました。

バレーボール選手としてめぐまれた体型をいかし、チームの主力選手となって、高校2年生のときには春の全国高等学校バレーボール選抜優勝大会（現在の全日本バレーボール高等学校選手権大会）でチームの優勝に貢献します。その活躍がみとめられ、この年の秋に史上最年少のオリンピック日本代表選手に選出されます。アテネオリンピックの最終予選に出場し、デビュー戦で14得点。チームはオリンピック出場を決めました。

しかしアテネオリンピック本番では、直前に腰痛に襲われてほとんど活躍できないまま、日本も準々決勝で敗退してしまいました。

高校を卒業後、社会人バレーボールの道に

▲バレーの名門・成徳学園高校（現在の下北沢成徳高校）時代の木村。

▲2014年より東レアローズの女子バレーボール部に、プロ選手として所属する。

進んだ木村は、次のオリンピックを大きな目標にして、練習を重ねました。しかしそんな彼女を悲しみが襲います。高校時代からずっといっしょにがんばってきたチームメイトが、病気のために21歳の若さでこの世を去ってしまったのです。木村は彼女のためにももっと強くなろうと、いっそうバレーボールに打ちこむようになりました。

チームでつかんだ銅メダル

2008年の北京オリンピック。4年前とはことなり、木村は日本代表チームの中心選手となってメダルを目指しました。しかし日本は準々決勝で敗れ、ベスト8で終わってしまいます。2度の敗北が、木村を大きく変えます。バレーボールは団体競技。チームメイトがもっと心をひとつにして勝利をつかみとる努力をしないといけないと思ったのです。チームのまとめ役として積極的にほかの選手たちともかかわり、少しずつ日本代表チームは変化していきました。そして2010年の世界選手権で、ついに32年ぶりの銅メダルをとることができ

▲ロンドンオリンピックにて、ライバルとの戦いを制し、チームメイトと共にメダル獲得を喜ぶ木村。

たのです。

周囲の期待が高まるなかでむかえた2012年のロンドンオリンピック。ライバルの中国、韓国を破り、日本は28年ぶりの銅メダルを獲得しました。木村は日本代表チームで最多得点、さらに全チーム内でも3番目に多い得点をあげた選手となりました。

このオリンピックが終わったあと、木村はトルコリーグへと移籍します。以前はほとんど海外に興味がなかった木村ですが、国内リーグのチームメイトに「世界は広い。もっと人生をエンジョイしたほうがいい」と言われ、海外リーグへの移籍を決断します。2013年には欧州チャンピオンズリーグの優勝も経験することができました。

広い世界を経験した木村は、2013年に日本代表女子バレーボールチームのキャプテンに指名され、再び日本バレー界に復帰します。2016年のリオデジャネイロオリンピックはベスト8でしたが、木村は大好きなバレーボールを通じて得られた経験をいかし、これからもたくさんの人に、笑顔と勇気をとどけます。

世界が感動した瞬間

中国をフルセットで下す

念願のメダルを獲得するために、どうしてもこえなければならない壁、それが中国でした。2012年8月7日、ロンドンオリンピックの決勝トーナメントで最初に対戦することとなった中国に、これまで日本はオリンピックで1セットもとることができていませんでした。しかし木村沙織はチームトップの33得点をたたきだす活躍をし、フルセットの激闘のすえに勝利をもぎとりました。次のブラジル戦では敗れたものの、3位決定戦では同じアジアのライバル、韓国を破り、銅メダルを獲得。中国戦の勝利がメダルへとつながったのです。

オリンピックの試合のしくみ

バレーボールは12か国がA、Bのグループに分かれ6チームの総当たりで戦い、成績上位の4チームが決勝トーナメントに進出します。ここでは勝ちぬき戦で勝者のみが次に進みます。ただし準決勝の敗者同士で3位決定戦を行います。

もっと知りたい

なぜあの時あきらめなかったのか

小松成美 著（PHP研究所）

27人のトップアスリートたちを取材し、まとめた1冊です。立ちはだかる壁にも果敢にいどみ、がんばる選手の姿に勇気づけられます。木村沙織のほかにも女子バドミントンの潮田玲子やラグビーの五郎丸歩などが紹介されています。

柔道

柔の心を世界に広める柔道家
山下泰裕

プロフィール
1957年6月1日熊本県生まれ。1984年のロサンゼルスオリンピックにて金メダルを獲得。そのほかにも世界選手権3連覇、全日本選手権9連覇。1984年に国民栄誉賞を受賞。

外国人選手に無敗の記録をもつ

日本で生まれ、世界に広まった柔道は、オリンピック競技でもあり、また日本がほこる武道のひとつでもあります。日本のお家芸ともいわれ、多くのすぐれた柔道家が誕生しています。なかでも山下泰裕は、男子最重量級で群をぬく実力者で、史上最強とよばれた選手です。

山下は現役時代、身長180センチメートル、体重は120キログラムをこえていました。柔道は体重によってクラスが分かれており、山下は95kg超級か、体重制限のない無差別級クラスでした。国際試合ともなれば、山下よりもひとまわりもふたまわりも大きな選手と試合をすることも多くありました。そのようななかでも世界選手権3連覇を果たし、外国人選手には116勝無敗3引き分けと、生涯一度も負けることはありませんでした。公式戦の成績は、559戦528勝16敗15引き分け。全日本選手権9連覇。連勝記録203など、かがやかしい記録を残しています。

28歳で引退後も子どもたちの教育や日本柔道の発展に力を注ぎながら、柔道を通じて世界中の人びととかかわり、日本がほこる武道の精神、和の心の大切さを伝える活動を続けています。

▶ロサンゼルスオリンピックの柔道無差別級決勝戦で、相手選手をせめる山下泰裕（写真左）。

国内を制して夢は世界へ

　山下泰裕は1957年6月1日、熊本県で生まれました。幼いころからほかの子どもたちよりもずばぬけてからだが大きく、元気なわんぱく少年でした。小学3年生のとき、ありあまる体力を発散させようと両親が町の道場に通わせたのが柔道をはじめたきっかけです。

　すぐに頭角をあらわした山下は、中学から柔道の強豪校に進み、そこで人生の師ともなる指導者と出会います。その先生は柔道だけでなく、礼儀や人に対する思いやり、しっかりと勉強することなど、人として生きるうえで大切なことを教えてくれました。山下が柔道で世界を極めたのも、その後も目標をもって社会のための活動に取り組むことができた

▲1979年の全日本柔道選手権大会では、全試合を一本勝ちで優勝した。

▼1985年の全日本柔道選手権大会決勝戦で判定勝ちし、9連覇を成しとげた。

のも、心をみがき、努力して成長する生き方をこのときに学ぶことができたからです。

　山下は高校1年生のインターハイで優勝すると、2年生の秋に神奈川県にある東海大付属相模高校に転校します。そこで大学の柔道部のヨーロッパ遠征にも参加し、はじめて外国人選手との試合を体験し、外国人選手と戦うむずかしさを知りました。

　そして大学2年生で、並みいる強豪を退けて全日本選手権で優勝し、日本一を手にします。日本を制すれば次に目指すのは世界です。山下にとってオリンピック出場は成しとげたい夢。特に中学3年生のときに見たミュンヘンオリンピックで、日本人選手が外国人選手の圧倒的なパワーに惨敗するすがたに、いつか自分が金メダルを、という思いを強くし、きびしい練習にたえることができたのです。

引退は次の人生のスタート

1980年、ついに念願のモスクワオリンピックの代表選手に選ばれます。しかし政治的な問題から日本は不参加を決め、まぼろしとなってしまいます。くやし涙を流した山下でしたが、自らをふるいたたせ、その後の世界選手権で3連覇を達成しました。

待ちに待った1984年のロサンゼルスオリンピック。山下は無差別級の代表選手に決まりました。ところが2回戦で右足にけがを負ってしまいます。それでも決勝戦まで進み、エジプトのラシュワンに得意の横四方固めで一本を取り、金メダルにかがやきました。

その2か月後、これまでの活躍が高く評価され、国民栄誉賞を受賞します。そして翌年春、全日本選手権で9連覇を果たすと、精神的、肉体的限界を理由に引退を発表します。

28歳での引退をおしむ声が多くありました。しかし実は、山下は中学生のころ、作文に自分の夢を「オリンピックに出場してメインポールに日の丸をかかげること。選手を終えたあとは、海外に出て柔道のすばらしさを世界の人びとに広めたい」と書いています。オリンピックは第一の人生のゴール、ゴールは次のはじまり、と考えていたのです。

山下は引退後、柔道男子全日本の監督、全日本柔道連盟理事、国際柔道連盟理事などをつとめ、日本の、世界の柔道のために力を注いでいます。同時に教育者として、次の世代を担う子どもたちに、スポーツを通じてもっと心やからだをきたえてほしいとさまざまな活動を行っています。世界の国ぐにへの柔道用品の提供や指導者の派遣など、柔道を通じた国際交流にも積極的に取りくみ、引退後にもさらにたくさんの実績を積みあげています。

世界が感動した瞬間

27歳で国民栄誉賞

金メダルを獲得したロサンゼルスオリンピックのあと、1984年10月9日、山下泰裕に国民栄誉賞が授与されました。前人未到の記録達成と、柔道における真摯な精進がその受賞理由です。27歳での受賞はほかの受賞者のなかでもかなり若く、個人では現在にいたるまで史上最年少記録を保持しています。山下はこの受賞を「アマチュアスポーツ界で初の受賞であり、その評価が喜びである」と語っています。オリンピックでの活躍が社会に感動をもたらし、評価を高める先例ともなりました。

国民栄誉賞
内閣総理大臣によって、「広く国民に敬愛され、社会に明るい希望をあたえることに顕著な業績があったもの」に、栄誉をたたえるためにおくられる賞です。1977年よりはじまり、これまで23個人と1団体が受賞しています。

もっと知りたい

講道館

住所：〒112-0003
東京都文京区春日1-16-30
大道場：月〜金 16:00〜20:00
　　　　（土曜は19:30まで）
※新館8階から稽古時間内の見学可能
柔道資料館・図書館：月〜金10:00〜17:00

柔道の総本山・講道館では、毎日たくさんの修行者が稽古を行っています。また、柔道の歴史を学べる資料館や図書館も併設されています。大道場での柔道稽古や柔道資料館・図書館などは、だれでも見学することができます。

大相撲

千代の富士

小さなからだで偉業を成しとげた第58代横綱

プロフィール
1955年6月1日北海道生まれ。15歳で上京、九重部屋に入門する。26歳で横綱にのぼりつめ、引退してからも相撲界の発展に尽力した。1989年に国民栄誉賞を受賞。2016年7月31日没。

肉体をきたえて偉大な横綱へ

昭和の終わりから平成にかけて相撲界で数かずの記録を打ちたてた横綱、千代の富士。身長は183センチメートル、横綱時代の体重は126キログラムもありましたが、大きな力士たちがたくさんいる相撲の世界では、千代の富士は小柄に見えました。それでも筋肉がもりあがるきたえた肉体で大きな力士たちに勝利するすがたが人気をよび、「小さな大横綱」とたたえられ、またするどい目つきとすばやい動きが、まるでオオカミのようだと「ウルフ」との愛称でも親しまれました。

たくましい肉体も、実は相撲界に入ってから肩の脱臼をくりかえし、それを克服するために筋肉をきたえるきびしいトレーニングを積んだ成果です。

大相撲は1年間に6場所行われ、1場所15日間の取組を行います。毎日続く場所でのはげしいからだのぶつかりあいにたえられるよう、努力を重ねてつくられたからだなのです。

千代の富士は26歳で横綱にのぼりつめると、10年間その地位を守りつづけ、幕内優勝31回、通算勝利数1045勝、また53連勝など多くの偉業を成しとげました。

15歳で初土俵に立つ

千代の富士は1955年6月1日、北海道松前郡で生まれました。本名は秋元貢といいます。小さなころから漁師のお父さんの仕事を手伝い、自然と足腰がきたえられた貢は、運動神経も抜群で、お祭りの相撲大会で優勝したこともありました。そのたぐいまれな運動能力を同じ町出身の元横綱千代の山、当時の九重親方が聞きつけて、わざわざ家を訪ねてくると「いっしょに飛行機に乗って東京に行かないか」とさそいました。飛行機に乗りたかった貢は「はい」とうなずいてしまったのです。

貢は15歳になったばかりで

◀土俵入りする横綱・千代の富士。

したが、東京で九重部屋に入り、1か月後には初土俵をふみます。最初は高校生になったら地元にもどるつもりでしたが、場所を重ねるうちに相撲がおもしろくなり、また千代の山（親方）と北の富士（先輩）、ふたりの横綱からとった「千代の富士」という四股名をもらい、相撲一本で生きていく決意を固めます。

相撲のけいこはとてもきびしいものでしたが、負けずぎらいの千代の富士は懸命にはげみ、19歳で新十両にまで上がります。番付が上がると100キログラムをこえる大きな体格の力士も増えます。しかし千代の富士は80キログラムからなかなか増えません。そして1973年の春場所の取組で肩を脱臼してしまうと、その後は脱臼ぐせに苦しめられるようになりました。

悩んだ千代の富士は、専門の医師から「筋肉のよろいで肩をおおいなさい」とアドバイスを受け、筋力トレーニングにはげむようになります。また力まかせの強引な相撲ではなく、肩に負担の少ない取り口に変え、けがを逆に糧にして、からだと相撲を大きく変えていったのでした。

10年間守りつづけた横綱

変身をとげた千代の富士は、ついに1981年の春場所で横綱北の湖を破って初優勝し大関に昇進します。さらに快進撃は続き、3場所後にふたたび優勝。わずか半年余りで関脇から大関、横綱へとかけあがります。

横綱になった千代の富士は、なんども大けがに見舞われながらも数かずの大記録を残し、34歳のときには国民栄誉賞を受賞。しかし1991年の夏場所、3日目に2敗して引退を決意し、「小さな大横綱」の幕は閉じられました。

引退後は九重部屋を継承し、親方として力士を育てて相撲界をもりあげました。2015年には60歳を祝う還暦土俵入りを行いましたが、その後まもなく病気が見つかり、翌年の7月31日、わずか61歳で一時代を築いた名横綱はこの世を去りました。

▼1985年、大相撲五月場所にて、相手を上手投げで破る。

世界が感動した瞬間

見事な引き際

1991年の夏場所初日。けがの休場からひさびさの土俵にもどった千代の富士は、若手のホープ18歳の貴花田（元横綱貴乃花）と初顔合わせの取組に。勝負は勢いのある貴花田に寄りきられ、完敗。このとき千代の富士の顔にはおだやかな笑みがうかんでいました。それは「よくぞおれに勝ったな」とほめたたえたい気持ちのあらわれでした。この一番から2日後、千代の富士は引退を表明。ベテランから若手へ、時代がバトンタッチされた瞬間でした。

国際理解・平和編

世界を見わたせば、戦争をしている国、紛争や自然災害から身を守るために故郷から逃れた人、飢えに苦しむ子どもなど、平和をおびやかされている人たちがいます。そういう人たちを救い、希望を灯したいと、国際理解・平和につくした日本人がいます。

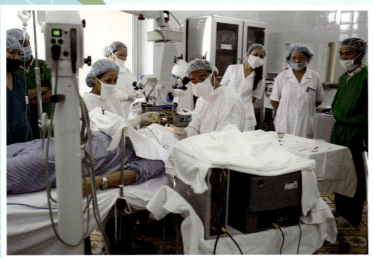

45

外交官 — 6000人ものユダヤ人の命を救った
杉原千畝

プロフィール
1900年1月1日岐阜県生まれ。1939年、外交官としてリトアニアに赴任し、ナチスに迫害されるユダヤ人を救うためビザを発給。1985年にヤド・バシェム賞を受賞。1986年7月31日没。

▲満州（現在の中国東北部）に外交官として勤務していたころの杉原千畝。官費留学生時代に学んだロシア語の能力をかわれて、その後、リトアニアの日本領事館に赴任した。

■ 見すてることはできない！

　第二次世界大戦のさなか、1940年7月18日の朝のことです。東ヨーロッパの小さな国、リトアニアのカウナスにある日本領事館の門の前に、ポーランドからにげてきたユダヤ人がつめかけていました。

　ヨーロッパの国ぐにを次つぎと占領するナチスドイツから、ユダヤ人は差別と迫害を受けていました。つかまれば強制収容所へ連れていかれ、死が待っています。彼らはソ連（現在のロシア）を通って日本にわたり、日本からアメリカや南米ににげるため、日本の入国許可証であるビザを求めていました。

　日本の領事代理として、家族といっしょにリトアニアに赴任していた杉原千畝は、ユダヤ人にビザを出してやりたいと悩みました。しかし日本の外務省からは、ビザの発給はしてはならないと、電報がきます。

　せまるナチスドイツにおびえる人びとのな

かには、自分の息子と同じくらいの小さな子どももいます。そして決心しました。
「外務省にそむいても、この人たちを見すてることはできない。私はビザを発給します」
千畝は、門を開けました。

夢は英語教師、そしてロシア語との出合い

小学生のころから勉強のよくできた千畝に、父は医者になることを強くすすめましたが、千畝の夢は英語教師。父の反対をおしきって、早稲田大学の高等師範部英語科に入学してしまいました。家出同然だったので仕送りはなく、19歳の千畝はアルバイトで学費と生活費を工面しようとしましたが、生活は苦しくなるばかりでした。

そんなある日、千畝は外務省が留学生を募集していることを知りました。試験に合格すれば、外務省が学費を負担してくれます。千畝は猛勉強をして、みごとその試験に合格しました。

早稲田大学をやめ満州（現在の中国東北部）のハルビンにある日露協会学校に留学し、ロシア語を学びました。そして、ロシアの文化、政治、経済などを幅広く勉強した千畝は、ロシア人にまちがわれるほどロシア語を上達させ、外務省に採用されたのです。

▲杉原一家。後列の中央が千畝。夢は英語教師になることだったが裕福な家庭ではなかったため、公費で勉強できる官費留学生試験にいどみ、合格した。

はじめは満州で働いていましたが、日本の軍人が中国人に対してひどいあつかいをするのを見てがまんができなくなり、やめて日本に帰ってきてしまいました。

日本の外務省で働き、友人の妹である幸子と結婚しました。そして、外交官としてヨーロッパに赴任しました。

当時、ヨーロッパ中に戦争が広がりはじめていました。千畝は、日本と敵対するソ連の情報をつかむため、ソ連のとなりの小さな国、リトアニアへ行くよう命じられ、日本領事代理となったのです。

▶千畝が発給したビザ。ビザには避難民が10日間日本に滞在できることが書かれている。日本にわたった避難民は、神戸や横浜などの港から世界各国に亡命した。

スギハラ！ 私たちはあなたを忘れない

1940年7月29日、領事館の門が開くと、ビザを待ちわびたユダヤ人はどよめき、いっきになだれこんできました。

「みなさんに、ビザを発給します！ 順番にならんでください」

それからというもの、千畝はビザを書きつづけました。何百枚書いても、列が途切れることはありません。

「ありがとうございます！ あなたのことは生涯忘れません」

千畝の足もとにひざまずき、涙を流す人もいました。千畝は、ひとりでも多くの人を助けたいと、食事の時間もおしんでビザを書きつづけ、夜には腕がはれあがるほどでした。

ほどなく、リトアニアがソ連に併合される日が近づきました。千畝たちは領事館を閉めるように命じられていたため、リトアニアから出なくてはなりません。

9月5日の朝、ベルリン行きの汽車に乗るため駅に行くと、そこにも多くのユダヤ人が集まっていました。千畝は座席に着いてもまだ書きつづけ、まどからビザを手わたしました。

とうとう汽車が走りだしました。千畝はいたたまれない気持ちになりました。

「みなさん、許してください。わたしはもうこれ以上書くことができません」

千畝が深く頭を下げると、走る列車に向かってさけぶ声が聞こえてきました。

「ありがとう、スギハラ！」

汽車とならび、泣きながら走る人もいます。

「スギハラ！ 私たちはあなたを忘れない！ いつか必ず、必ず会いましょう！」

千畝が書いたビザは、2139通。6000人もの命が救われました。

世界が感動した瞬間

ビザ受給者との再会

戦後、帰国した杉原千畝は外務省をやめさせられました。ビザを書いてから28年たったある日、突然、イスラエルの大使館から電話がありました。大使館を訪ねると、ボロボロのビザをにぎりしめた男の人が千畝を待っていました。あのビザで救われた人でした。外交官となり日本のイスラエル大使館で働きながら、千畝をさがしていたのです。千畝は、多くの人びとが生きのびたことを知り、自分のしたことがむだではなかったと確信しました。千畝は1969年にイスラエルの宗教大臣から勲章を、1985年にイスラエルの政府からヤド・バシェム賞をおくられました。

ヤド・バシェム賞

「諸国民の中の正義の人賞」という意味で、ユダヤ人を助け、イスラエルにつくした人にあたえられる賞です。1985年1月、日本人としてはじめて、イスラエル政府から授与されました。

もっと知りたい

杉原千畝記念館

住所：〒505-0301
岐阜県加茂郡八百津町八百津107
開館時間：9:30～17:00
（入館受付は16:30まで）
休館日：毎週月曜日（祝日または振替休日の場合は翌日）・年末年始

杉原千畝の生まれ故郷の岐阜県八百津町に、功績をたたえる記念館がつくられました。その当時の歴史、カウナスの日本領事館の執務室なども再現されました。救われたユダヤの人びとのその後や、千畝にあてたメッセージなども紹介されています。

国連難民高等弁務官に就任

国際政治学者

緒方貞子

プロフィール
1927年9月16日東京都生まれ。市川房枝と出会い、国際連合の仕事にかかわるようになる。1991〜2000年に国連難民高等弁務官をつとめる。2012年に国際協力機構（JICA）の特別顧問に就任。

▲1991年、戦争や紛争などで住んでいた国をはなれた難民の保護・救済を行う国連難民高等弁務官に就任。写真は難民をむかえる緒方貞子。

ルールより人命。歴史を変えた決断

　緒方貞子が、日本人としてまた女性としてはじめての国連難民高等弁務官に就任したのは、1991年2月。アメリカを中心とする多国籍軍とイラク軍との間で行われた、湾岸戦争の真っただ中でした。

　戦禍から逃れるため、わずか4日間のうちに180万人のクルド人が、イランやトルコの国境地帯に逃れました。ところが、トルコ側は受けいれはできないと国境を閉鎖。岩だらけの山岳地帯で、多くの子どもや女性が行き場を失い、飢えと寒さに苦しんでいました。

　現地にとんだ緒方は、決断をせまられます。自国に守ってもらえず、国から外へのがれでた難民を保護するのが、難民高等弁務官の任務。ところが、国際法では、国境をこえられず自国内にとどまっているクルド人は難民とはいえません。国連難民高等弁務官事務所（UNHCR）では、支援を行うべきか議論になります。しかし、「どこにいようと人命が最優先」と結論を下した緒方は、北イラクに難民キャンプを設営、クルド難民を救いました。前例のない支援。まさに歴史を変えた決断でした。

自立せよ！　知的になれ！　協力的であれ！

　緒方貞子は1927年、中村家の長女として東京市麻布区（現在の港区）に生まれました。「貞子」という名は、曾祖父にあたる元総理大臣の犬養毅が命名。今でも「貞子とする」と書かれた墨書が大切に残されています。

　父も祖父も外交官であったため、政治や外交に関する会話が交わされるような家庭で育ちました。緒方が3歳のとき、父が日本国領事館の領事を任されることとなり、一家でアメリカにわたりました。緒方はアメリカで「サダ」とよばれ、英語がじょうずな活発な女の子として人気がありました。カリキュラムのない自由な校風の学校に通い、詩を読んだりダンスをしたり、星座の勉強もしました。船の長旅をしたときには、船長と夜空をあおぎ、くっきりときれいに見えた天の川に感動。このころの夢は、天文学者になることでした。

　8歳からは中国に移りすみ、日本人学校へ入ると、ここではじめて日本語を学ぶことになります。母は英語を忘れないようにと、ねる前に英語の本を読んでくれました。そろそろ、日中戦争のかげが色こくなってきた時期

▲旧ユーゴスラビア紛争下のサラエボ視察のようす。防弾チョッキとヘルメットを身につけ、どんな危険な場所へも、乗りこんでいく。

でした。

　それから、日本にもどってきたのは、10歳のとき。帰国子女として聖心女子学院に入りました。もともと運動の好きな緒方は、バレーボールやテニスに熱中しました。

　終戦をむかえたあと、緒方は聖心女子大学へ入学します。当時新しくできた女子大学の一期生として英文学を専攻、制服はオリーブグリーンのスーツでした。制服の提案者である、初代学長のエリザベス・ブリットの「自立しなさい！　知的になりなさい！　協力的でありなさい！」という教えは、その後リーダーシップをとることとなる緒方に、大きな影響をあたえました。テニスの腕もみがき、ダブルスで出場した全日本選手権では、準優勝を果たしたほどでした。

　その後、父や先生のすすめもあって、アメリカに2度留学し、国際政治学を学んで博士号を取得します。そして、博士論文の執筆中に結婚すると、子育てをしながら国際基督教大学の非常勤講師となり、外交史を教えました。こうして研究者として母として生活していた緒方に、いよいよ転機が訪れます。

▲国連難民高等弁務官として最後の記者会見にのぞむ緒方。

人命を救うための最善の選択

1968年、緒方が40歳のときの夏、婦人運動家の市川房枝から国連総会への参加を依頼されたのです。突然の依頼におどろいた緒方でしたが、その年の9月から3か月間、ニューヨークの国連本部で開催される国連総会に参加することになりました。2番目の子どもが生まれたばかりだったこともあり、悩んだすえに出した結論でした。「まず参加すると決めて、それから方法を考えなさい」と、父が背中をおしてくれたことが決め手となったのです。

そして3回目の国連総会に参加した1975年、外務省から公使として「国連日本政府代表」に就任してほしいという依頼がきました。日本初の女性公使の誕生です。

その後、無事公使の役目を終え、上智大学の教授として研究生活を送っていた緒方のもとに、今度は「国連難民高等弁務官」になってほしいという話が舞いこみます。就任2か月足らずで、初の大仕事となったのがクルド難民支援です。その後もボスニア紛争では、戦闘の真っただ中へ乗りこんでいくなど、命がけで支援活動を続けました。

緒方は、まずは現場へ出向き、人命を救うための最善の選択をしてきました。また持ち前のリーダーシップを発揮し、国連難民高等弁務官事務所の体制を強化、緊急事態対応チームを創設し、非常時には72時間以内に現地にかけつけることを目指しました。退任後も、総理特別代表としてアフガニスタンの復興支援をしながら、国際協力機構（JICA）理事長に就任。開発援助、復興支援にたずさわるなど、国内外で活躍しています。

世界が感動した瞬間

「私の名前は、サダコオガタ」

ルワンダのビュンバにある難民キャンプでは、コンゴの内戦からのがれてきた人びとがくらしています。2012年、現地を取材した日本人記者は、家で洗たくの手伝いをする14歳の少女に出会いました。少女は、意外なことを口にします。「私の名前は、サダコオガタです」。

1997年、内戦の絶えないコンゴからある女性がのがれてきました。女性は難民キャンプの病院で女の子を出産。「緒方さんがとてもよくしてくれたから」と、緒方貞子の名前をもらって名づけたそうです。

●こぼればなし
2000年、ふたたびこの難民キャンプを訪れた緒方は、2歳4か月に成長したサダコオガタさんと再会、1頭の牛をプレゼントしました。牛は、この地でもっとも上等なおくりもので、「尊敬」の意味がこめられています。この牛は、以前支援のお礼として、緒方におくられた牛が産んだ牛だったのです。

◀難民キャンプで歓迎を受ける緒方。

もっと知りたい

**緒方貞子
戦争が終わらない
この世界で**

小山靖史 著（NHK出版）

国連難民高等弁務官事務所のトップをつとめ、「戦争が生みだした弱者」である難民を救うために、世界をかけまわった緒方貞子。そんな緒方の半生を明らかにした本です。

ユニセフ親善大使

世界の子どもたちの現状を多くの人に伝える

黒柳徹子

プロフィール
1933年8月9日東京都生まれ。テレビ女優としてデビュー。『窓ぎわのトットちゃん』をきっかけに、1984年よりユニセフ親善大使をつとめ、発展途上国を視察。2015年、文化功労者に選出される。

▲2013年に南スーダンのヌザラ村を訪問し、現地の子どもたちに歓迎される黒柳徹子。この村には、武装勢力の襲撃から逃げてきた子どもたちが多く移住していた。訪問後、徹子は募金をよびかけ、2年後には、今みんながいる壁も机もないところに小学校が建設された。

ユニセフの活動を30年以上続ける

テレビで司会をつとめたり舞台で女優として活躍している黒柳徹子には、もうひとつ、「ユニセフ親善大使」という顔があります。ユニセフ（国際連合児童基金）は世界中の子どもたちの命と健康を守るために活動する国際連合の機関です。徹子は1984年、アジア人としてはじめてユニセフ親善大使に就任し、30年以上もその活動を続けています。

ユニセフ親善大使の役割は大きく3つあります。まずユニセフの支援を必要とする子どもたちの現状を多くの人に伝えること。ふたつめは訪問国の大統領や政府関係者に会って、子どもの権利を守り推進する政策に取りくんでもらえるようお願いをすること。そしてユニセフの活動資金を募ることです。徹子はアフリカをはじめとする、子どもたちがつらくきびしい環境にある国ぐにを訪ね、それを日本のテレビ番組や本などに書いて紹介し、世界には戦争や自然災害によって苦しんでいる子どもたちがたくさんいることを伝えつづけ

▲徹子が募った募金によって1996年に南スーダンの首都・ジュバに建てられた「トットちゃんセンター」。武力紛争の影響を受けた子どものための心のケアを行う。支援された子どもは2500人をこえる。

ています。

　私たち日本人は、徹子の活動を通じて世界の子どもたちの現状を知り、豊かになった日本からなにができるかを考えるようになりました。

世界の子どもたちのために

　黒柳徹子が小学生のころ、日本はまだ戦争をしていました。食べるものはわずかで、お母さんから1日の食事として大豆15粒をわたされて、大事にひと粒ずつ食べたこともありました。また、東京が大空襲に見舞われた夜、空がおそろしいほど真っ赤に燃えあがり、東京だけで10万人もの人が亡くなりました。戦争はなんて悲惨なことなんだ。小さかった徹子の心に深く刻まれたできごとです。

　戦後、日本でテレビがはじめて放映された1953年に、徹子はテレビ女優の第1号として出演します。それから一般の家庭でだれもがテレビを見られる時代になり、徹子も多くの番組で活躍するようになります。

　徹子がユニセフ親善大使に任命されたのは1984年です。当時、ユニセフではアジアで親善大使をしてくれる人をさがしていて、緒方貞子が徹子を推薦しました。徹子の子ども時代を書いた『窓ぎわのトットちゃん』の英語版が発売されたころのことです。当時、ユニセフの事務局長をつとめていたジェームズ・P・グラント氏もこの本を読み、徹子こそ親善大使にふさわしいと考えました。戦争を体験した徹子もまた、世界でつらい思いをしている子どもたちのために役立ちたいと、親善大使を快く引き受けたのです。

　そして最初に足を運んだのがアフリカのタンザニアでした。その後も毎年のようにアフリカやアジアの発展途上国を訪ね、子どもたちとふれあいながら、そのようすをテレビ番組や新聞、本などで伝えました。日本は戦後の復興を果たし、豊かな国になっていました。でも、世界には戦争や武力紛争、干ばつで住む場所や食べるものがなくなり、命を失う子どもたちがたくさんいます。日本の大人も子どもも映像などでその現実を知り、ショックを受けました。そして国連のなかに子どもたちを支援するユニセフという機関があることも、徹子を通して多くの人が知るようになったのです。

▶2009年、ネパールの視察で出会った女の子・シータと。2016年の2回目のネパール視察でふたりは再会し、シータは手づくりの服を徹子にプレゼントした。

子どもが未来に夢をもてる世界に

徹子は1984年から2016年までの活動のなかで30か国以上を訪ねています。戦争や内戦で家族や故郷を失い、誘拐されて子ども兵士になって自分の育った村に銃を向けた子どももいます。食料や水がなく、ガリガリにやせ細った栄養不良の子どもたちもいます。徹子はいつも、子どもたちに温かくやさしいまなざしで接し、自分にできることを考えています。

2016年にネパールを訪問したときのこと。ひとりの女性が徹子のもとにやってきました。2009年にはじめてネパールを訪れたとき、川から砂利を運ぶ仕事をしていた少女・シータと再会したのです。7年前に徹子が「あなたは将来、なにになりたいの？」と聞いたとき、シータは「洋服をつくる人になりたい」と答えました。それまで生きることに精一杯だったシータは、このときはじめて、自分の将来の夢を思い描きました。そして懸命に努力して夢をかなえ、徹子に着てもらいたいと、手づくりのすてきな民族衣装を届けにきてくれたのです。

「私と交わしたことばが子どもの未来の希望になる」

これこそが、徹子がユニセフ親善大使として感じる喜びです。

「世界には、すきとおった水を見たことのない子どもたちがたくさんいます。めぐまれた国に育つ日本の子どもたちは、今、まわりにいる友だちと仲よく、みんなで生きていこうと手をつないでほしい。そして、世界の子どもたちとも手をさしのべあい、いっしょに生きてほしい」

世界の子どもの平和を願う徹子からみなさんに伝えたい思いです。

世界が感動した瞬間

テレビでドキュメンタリー番組を放映

アジア人初、世界で4番目のユニセフ親善大使に任命され、はじめて視察に訪れたのがアフリカのタンザニアです。そのとき、テレビ局や新聞社の人たちも日本から同行し、ビデオで撮影された訪問地でのようすは、1984年9月16日に「救え!!飢餓の子どもたち・黒柳徹子 干ばつと飢えのアフリカを行く」（テレビ朝日）という番組として放映されました。当時はアフリカの国ぐにのこうした現状は日本ではほとんど伝えられていなかったため、大きな反響があり、多くの募金が寄せられました。

黒柳徹子さんが訪れた国ぐに

1984	タンザニア	1992	エチオピア	1999	アルバニア	2006	コートジボワール
1985	ニジェール	1993	スーダン	1999	マケドニア	2007	アンゴラ（2回目）
1986	インド	1994	ルワンダ	2000	リベリア	2008	カンボジア（2回目）
1987	モザンビーク	1994	ザイール	2001	アフガニスタン	2009	ネパール
1988	ベトナム	1995	ハイチ	2002	アフガニスタン（2回目）	2011	ハイチ（2回目）
1988	カンボジア	1996	旧ユーゴスラビア	2002	ソマリア	2011	日本
1989	アンゴラ	1997	モーリタニア	2003	シエラレオネ	2013	南スーダン
1990	バングラディシュ	1998	ウガンダ	2004	コンゴ民主共和国	2014	フィリピン
1991	イラク	1999	コソボ	2005	インドネシア	2016	ネパール（2回目）

もっと知りたい

トットちゃんとトットちゃんたち

黒柳徹子 著（講談社）

ユニセフ親善大使として訪れた国で出会った子どもたちとのエピソードがつづられています。私たちがあたりまえだと思っていることがあたりまえでない国があることが、黒柳徹子のことばで語られています。続編に『トットちゃんとトットちゃんたち 1997－2014』があります。

報道写真家

戦地に生きる人びとにシャッターをきる

長倉洋海

プロフィール
1952年10月26日北海道生まれ。1980年にフリーの写真家となり、世界の紛争地をまわる。2006年にフランスで開催された国際フォト・ジャーナリズム祭に日本人初の写真家として招待される。

▲全国各地で写真展を開催し、紛争地を生きぬく人びとのすがたを伝える。

紛争地に生きる人びとを撮る写真家

長倉洋海は1980年からフリーのカメラマンとして活動をはじめました。アフリカや中東、中米、東南アジアなど世界の紛争地を訪れ、精力的に取材、写真を撮ることで、その現状を世界に伝えています。はじめのころは戦闘ばかりに目を向けていましたが、じょじょに下町や市場や人びとの生活も撮りはじめます。戦争の悲惨な光景だけでなく、そこに生きる人間そのものをとらえようとする写真は、見る人の心をうごかします。

アフガニスタンの取材は20年以上にもおよび、ソ連（現在のロシア）軍と戦うイスラムの革命家アフマド・マスードを撮影しつづけました。アフガニスタンでの取材を通して出会ったパンシール渓谷ポーランデ地区の子どもたちの山の学校の支援活動も行っています。

長倉は2006年にフランス・ペルピニャンの国際フォト・ジャーナリズム祭に日本人初の写真家として招かれます。「マスード　敗れざる魂」を開催し、大きな反響をよびました。

国際的な報道カメラマンを目指して

長倉洋海は1952年、北海道釧路市に生まれました。実家は牛乳やパン、文具、下着などを売る個人商店で、お父さんと市場に買いだしに行ったり、店番を手伝ったりしていました。家のすぐ近くには、戦争が終わって千島や樺太から引きあげてきた人の共同住宅があり、よくそこで遊んでいました。

京都の大学に進学した長倉は探検部に入ります。アルバイトをしてお金をため、はじめて探検したのはミクロネシア連邦のカピガマラキ島。3年生のときには休学してアフガニスタンの遊牧民に混じって国境をこえる旅を試みました。そのころ、ベトナム戦争の写真集をみた長倉は、人間の極限を映しだす戦場写真に圧倒されました。そしてまた、危険を覚悟で現地のようすを伝えようとする報道カメラマンにあこがれるようになりました。

大学を卒業すると、国際的な報道カメラマンを目指し通信社へ入社しました。ところが通信社では日本国内の事件取材しかさせてもらえず、1979年12月にソ連軍がアフガニスタンに侵攻したときも、長倉は派遣してもらえませんでした。長倉は1980年に会社を辞め、世界をゆるがすような決定的な1枚を撮ろうと世界へ旅立ちました。はじめに行ったのは、内戦をしていたアフリカのローデシア。次に200万人の難民がでていたパレスチナのヨルダン川西岸、ソ連軍侵攻から1年が経つアフガニスタン、内戦が続くインドシナと、戦乱と国際的な事件を求めて取材を重ねました。

▲長倉が撮影したアフガニスタンの革命家マスード。平和を実現するために苦悩するマスードが現実を忘れ、ひとり、山で本を読むようすを撮った（1983年アフガニスタン・パンシール渓谷）。

◀生まれたばかりの赤ちゃんをとりかこむ戦争避難民の子どもたち（1982年エルサルバドル）。

平和のいのりをこめて写真を撮りつづける

　戦地をかけめぐり、数かずの劇的な場面を撮ってきた長倉ですが、1982年に訪れたエルサルバドルでは、5か月間にわたり農村や難民キャンプを取材し、現地にくらす人びととの生活を撮りました。いやな顔ひとつせず、ありのままのすがたを撮らせてくれる人たち。戦争や貧しさのなかにあっても、人びとはたくましく大らかで、こまった人を助けたいというやさしさに満ちていました。

　長倉は「つらい」「悲しい」場面だけでなく、「人間のあたたかみ」を感じる場面でもシャッターを切り、写真を通して「幸せ」や「愛おしさ」を伝えていきたいと思うようになりました。

　1983年には、アフガニスタンの抵抗運動を指導する革命家マスードを密着取材しようとふたたびアフガニスタンに向かいます。マスードは自由で平和にくらせる祖国を願い、戦っていました。パキスタン国境から険しい山岳地帯を12日間歩いて、やっとたどりついたのがパンシール渓谷。はたしてマスードが受けいれてくれるのか。当たってくだけろという思いで、「あなたと長く生活して、この戦争を日本や世界に伝えたい」と告げました。マスードは笑顔でこたえ、100日間生活を共にして写真を撮らせてくれました。その後、2001年9月9日にマスードが自爆テロによって暗殺されるまで、18年間にわたって取材を続けました。

　長倉は今も世界中をまわり、さまざまな国のさまざまな場所に生きる人びとを撮影しています。「生きていることがすばらしい、人間ていいな」と思えるものを撮るために、まだまだ旅は続きます。

世界が感動した瞬間

国際フォト・ジャーナリズム祭に招かれた日本人

　2006年9月、フランスのペルピニャン市で開かれた第18回国際フォト・ジャーナリズム祭。長倉洋海は日本人初の写真家として招かれました。この写真展には世界各国から3000人もの写真家が集います。ペルピニャン市の歴史的な建物、聖堂や協会などにたくさんのプロ写真家の作品が飾られるなか、古い建物を独占して長倉の「マスード　敗れざる魂」の写真展が開催されました。会場には長蛇の列ができ、大成功を収めました。「マスードの写真はたくさん見てきたけど、こんな写真ははじめてだ」「心が震えた」と称賛されました。

アフマド・マスード
ソ連のアフガニスタン侵攻の際、反ソ連軍を率いて「パンシールの獅子」と恐れられました。マスードは軍事的才能だけでなく、人柄のよさから多くの人びとに敬愛されたアフガニスタンの英雄です。

もっと知りたい

ぼくが見てきた戦争と平和

長倉洋海 著（バジリコ）

アフガニスタン、コソボ、エルサルバドルなど、世界の紛争地を訪れ、そこに生きる人びとを撮りつづけてきた報道写真家・長倉洋海の歩みや、自分自身の眼で世界を見て道を切りひらくことを教えてくれます。

眼科医 服部匡志

15年間で1万6000人を失明から救った

プロフィール
1964年1月8日大阪府生まれ。2001年、母校で開催された学会にてベトナム人医師と出会う。2002年にベトナムへわたり、国立眼科病院に勤務。2014年、ベトナム政府より「友好勲章」を受章。

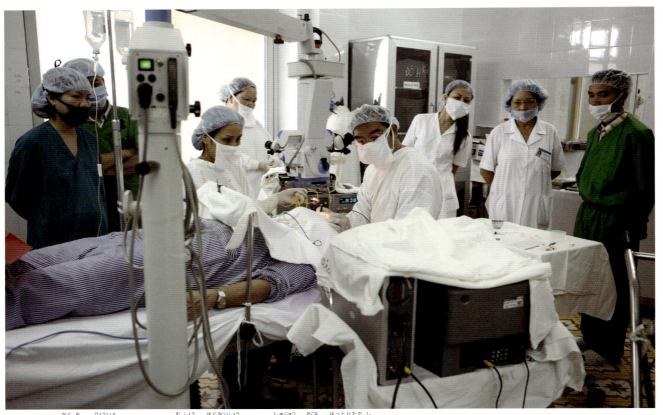

▲ベトナム各地の病院をまわり、無償で白内障などの手術を行う服部匡志。

ようこそ！ベトナムの赤ひげ先生

「先生、お願いします。このままではこの子は、両目とも見えなくなってしまいます！」
　少年の父親が、涙ながらにうったえてきました。ここはベトナムの眼科病院。少年の片方の目はすでに失明しており、もう片方は網膜剥離をおこしています。以前、この病院の医師が手術したものの、視力はもどりませんでした。

「お願いです。ぼくに手術をさせてください」
　新任の服部匡志は病院の幹部に頭を下げて、ようやく再手術の許可をもらいました。
　少年の症状は悪化していました。ふつうの手術では回復は望めない。そう判断した服部が、前例のない方法で手術を進めていくと、「ドクター服部は、ベトナム人で人体実験をするつもりか」と、はげしく非難されました。
　ところが手術が成功し、少年の視力が回復すると、医師たちの態度は急変しました。父

親はなんどもお礼を言い、わが子をだきしめます。

「見えるよ！ ぼく、見えるようになったよ！」

服部は、貧しい患者からは手術代をとりません。患者の笑顔が、なによりの報酬でした。ベトナムの赤ひげ先生の誕生です。

●負けるな。努力しろ。人のために生きろ。

1964年、大阪府に生まれた服部匡志は、小学校高学年のころ、クラスメイトからいじめられていました。しかし、母親を心配させたくなくて「学校に行きたくない」とは絶対に言いませんでした。

「小学校時代にいじめにあい、くやしく、つらい思いをした経験があるから、『弱きを助けたい』という気持ちが自然と育まれたのだろう」と、服部は当時をふりかえります。

社会福祉の仕事をしていた父は、休日も人のために働くような人でした。そんな父が胃がんで亡くなったのは、服部が高校2年生のとき。父の入院中、服部はぐうぜん、担当医と看護師の会話を耳にします。

「82号室の患者は文句ばかり言って、うるさい患者だ。どうせもう、先が長くないのに……」

服部は自分の耳をうたがいました。父の病気を治してくれる神さまのような人だと信じ

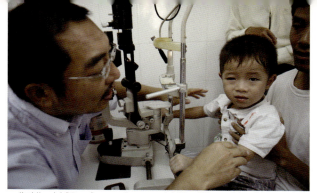

▲服部の診察を受ける子ども。診察に訪れる人の中には目薬をさしたことのない人もいるが、ていねいに使い方を説明する。

ていた医者が、そんなことを言うなんて。

他人を信じられなくなって、1か月近く登校拒否を続け、北海道に家出しました。服部の胸に、亡くなる前日、父がレポート用紙に書いてくれた短いことばがよみがえります。

「お母ちゃんを大切にしろ。人に負けるな。努力しろ。人のために生きろ」

こうして服部は、患者の痛みがわかり、患者や家族の気持ちになって病気を治すことのできる医者になろうと決心しました。それからは強い志をもって猛勉強し、医学部受験にのぞみますが、1か月の家出が響き成績はガタ落ち。1年目、2年目と落ちつづけます。しかし、ここであきらめるわけにはいきません。そして、4年間の浪人生活のすえ、ついに京都府立医科大学への進学を果たしました。

医学部6回生になると、自分の専門の科を選ばなくてはなりません。父を胃がんで亡くした服部は、消化器外科を目指すつもりでした。でも、人として大きな魅力をもった眼科の教授に「世界を目指してやっていこう」とさそわれ、眼科の道を選ぶことになります。

大学卒業後、服部は研修医として大阪の病院に勤務、白内障や専門分野の手術の技術を身につけました。その後、各地の病院で手術の腕をみがいていった服部は、腕のよい眼科医として知られるようになりました。

▼ベトナムでは、日本人の看護師や医師のボランティアも受け入れている。写真は、白内障の手術を無事終えた患者を囲む服部（写真後列左から2人目）と、日本人スタッフ。

患者の笑顔を見るために

ベトナムの女性医師と運命の出会いをしたのは、2001年10月、日本臨床眼科学会に出席したときのこと。「ベトナムでは、多くの人が失明している。あなたの技術で患者たちを救ってください」。マザー・テレサの救済活動に心をうたれていた服部は、「これこそ、ぼくの使命かもしれない」と、家族の反対をおしきり、3か月間という約束で、ベトナムの国立眼科病院にやってきました。そこで服部が見たのは、貧しくて治療が受けられず、失明寸前となった多くの患者たちだったのです。

毎日が診療と手術の日々。設備も器具も古く、薬も足りない。服部は一度日本にもどり、数百万円という貯金をくずして医療資機材を購入、ベトナムに持ちこんで多くの人びとを救いました。しかし、貧しい患者からは診察料も手術代もとらないため、いつの間にか費用は底をつきました。そのうえ、約束の3か月を過ぎても患者はあとを絶ちません。「ぼくを必要としている患者がたくさんいる。彼らを見すてるわけにはいかない」。服部は1か月の半分は日本各地の病院で働き、その収入でベトナムでの活動を続けました。収入は大きく減りましたが、服部はかけがえのないものを手にしたのです。それは、患者とその家族たちの心からの笑顔でした。

15年近いベトナムでの医療活動で、服部の力により失明から救われた人は約1万6000人以上。今では、服部の技術を受けつぐベトナムの若手医師も育ち、家族もよき理解者でいてくれます。

ベトナムの赤ひげ先生は、自分を支えてくれる人たちへの感謝の心を忘れず、今日も笑顔で診察室に向かいます。

世界が感動した瞬間

ベトナム政府が友好勲章を授与

失明寸前だった少女に、わが子の顔を知らない母親に、光を与えつづけてきた服部匡志。患者の笑顔を報酬に、2002年から1万人以上のベトナムの人びとを無償で救ってきた服部に対し、ベトナム政府は2014年、外国人に対する最高位の「友好勲章」を授与しました。

「最初は風習のちがいに戸惑い、けんかもした。今では多くの若手医師が育ち、自分がいなくてもいいくらいになったのは寂しくもあり、非常にうれしいことでもある」。そのことばどおり、現在では20人をこえる伝承者が育ち、多くの高校生も、ボランティアとして現場を訪れています。

▲勲章を胸にあいさつする服部。

友好勲章
「友好勲章」は、ベトナム政府が外国人にあたえる勲章としては最高位とされるもの。これまで、村山元総理をはじめとする国会議員、ベトナム研究者、友好団体など、日本とベトナムの友好に尽力した人が受章しています。

もっと知りたい

人間は、人を助けるようにできている

服部匡志 著（あさ出版）

世界は広く、人間はすばらしい。健康なからだで、毎日おいしいごはんが食べられることが、どんなに幸せなことなのか。フリーの眼科医として、無償の医療活動を続けてきた服部匡志が、ベトナムの状況と共に医師としての生き方を語ります。

平和構築

紛争を解決し、平和をつくる

瀬谷ルミ子

プロフィール
1977年2月23日群馬県生まれ。2002～2007年まで紛争地帯にて武装解除を担当。日本紛争予防センター（JCCP）の理事長。現地政府や住民への紛争解決研修を行う。

▲2006年、武装解除の任務のためにコートジボワールに赴任したときのようす。

DDRを仕事にして

世界には、同じ国家のなかでも、異なる民族や宗教の間で争っている国があります。やっと内戦が終わっても、武器を持ったままでは、いつまた戦いがはじまるかわかりません。

瀬谷ルミ子は、DDRの専門家です。DDRとは「武装解除(Disarmament)」「動員解除(Demobilization)」「社会復帰(Reintegration)」の頭文字で、紛争が終わったあと、兵士たちから武器を回収して、一般の市民として生活していけるように、職業訓練などの手助けをする活動です。

「紛争地の人びとに、生きる選択肢をつくりたい」。その思いを胸に、23歳で、NGOの職員としてルワンダで働いたのをきっかけとして、アフリカなどの紛争地で、武装解除や職業訓練などの経験を積んでいきました。

24歳で赴任したシエラレオネでは、国連スタッフとしてDDRを成功させ、国の安定をあと押ししました。26歳のときには、外交官としてアフガニスタンの武装解除にかかわります。

現在は日本紛争予防センター（JCCP）の理事長として、「紛争の加害者・被害者を平和構築の担い手にする」ことを目指し、日夜、紛争予防と解決のために働いています。

1枚の写真との出合い

「大人になったとき、『子どものころにもどってやり直したい』と思うような人生は送りたくない」。瀬谷ルミ子は、7歳でそんなことを考える、ちょっと生意気な子どもでした。

「ほかの人とはちがうことがしたい」「自分だからこそできることはなに?」そのことを考えつづけていた高校3年生のとき、新聞を開くと、1枚の写真が目にとびこんできました。死にかけた母親のそばで泣く小さな子ども。アフリカのルワンダで起きた大虐殺、その難民キャンプで撮られた親子の写真です。

お茶の間で写真をながめている自分と、紛争地で息絶えていく人びととのギャップ。紛争地の人びとには自分で状況を変える選択肢がありません。しかし自分の手には選択肢が

▼2003年11月、アフガニスタン北部のクンドゥスで行われた武装解除の式典のようす。

▲シエラレオネでは国連スタッフとして、除隊兵士の社会復帰にたずさわった。

あり、それを生かすのは自分次第です。その気づきが、瀬谷の進路を決めました。紛争解決に役立つ人になるために行動しよう、と決意したきっかけです。

小学生のとき、3歳の弟が病気でからだが不自由になってから、困難な人生に立ちむかうすがたを近くで見てきたことも、「やらない言いわけをしない」という瀬谷の信念を支えつづけました。

大学時代には念願のルワンダを訪れましたが、虐殺の加害者と被害者がいるなかで残ったのは、無力感だけでした。「技術や経験を身につけ、からだひとつで現場に行っても変化を生みだせる人間になろう」。そう決意した瀬谷は、紛争解決のなかに、自分ならではの新しい専門分野をさがしはじめます。そして、ついにたどりついたのが、「元兵士たちをいかに社会にもどすか」。当時はまだ名前すら知られていなかった、DDRという取り組みでした。

「自分の選択肢」を強く意識した高校生のころの思いをわすれることなく、「亡くなった人たちがまた生まれてきたい社会に、紛争地を変えていくこと」を目指して、瀬谷は今も行動を続けています。

日本の強みを生かし「選択肢」を増やす

　紛争地から遠くはなれた日本にいると、自分には一体なにができるのだろう？と思いがちです。しかし瀬谷は、日本が戦後めざましい復興をした国として、紛争地の人びとに大きな希望をあたえていると感じています。また、日本の中立的な立場は人びとを安心させ、信頼されることにつながっています。そのことに多くの日本人が気づかないのは、もったいないことです。70年以上もの間、日本が平和を保ちつづけてきたことには、大きな価値があるのです。

　紛争を解決し、ふたたびおきないようにするなど、「平和をつくる」活動は、まさに日本にふさわしい仕事です。そのような仕事があることを、まず日本のなかであたりまえにし、世界で活躍する専門家を増やしたい。それは、紛争地の人びとの役に立つのはもちろんのこと、日本人が日本に生まれて良かったと思う気持ちにもつながるはずです。

　紛争地にいる人にくらべ、平和のなかにいる日本人の手には、選択肢がたくさんあるのは事実です。でも、瀬谷はこう考えます。

　「選択肢にも一つひとつ期限があり、いつまでも有効なものばかりではない」

　多くの選択肢を選べるからこそ真剣に選び、良い未来につなげていかなければなりません。

　日本の子どもや若者たちに、紛争地のことを知り、自分にもなにかできると気づいてほしい。寄付やボランティアも、平和に貢献できる世界レベルの専門家を目指すことも、選択肢のひとつです。その選択肢を増やすことが、紛争地で生きる人びとの、生きるための選択肢を増やすことにつながっていくと瀬谷は考えています。

世界が感動した瞬間

カルザイ大統領への助言

　2003年、瀬谷ルミ子は、DDR専門の外交官としてアフガニスタンに赴任していました。治安回復のため、日本が武装解除を担当することになり、専門知識をもつ数少ない日本人として政府から声がかかったのです。瀬谷は、すでに多くの仕事経験がありました。

　ある日、瀬谷は日本大使とともにカルザイ大統領から極秘事項の会議によばれます。

　大統領は、ある国防大臣を辞めさせるべきかの助言を求め、瀬谷ら日本側は「彼が武装解除の障害になっているのは事実だ」と意見を伝えました。その後、国防大臣は交代し、武装解除はスムーズに進むことになりました。

　26歳の若き外交官が紛争解決の専門家として、一国の重要な場面にかかわった瞬間でした。

▲アフガニスタン赴任時。

もっと知りたい

職業は武装解除

瀬谷ルミ子 著（朝日新聞出版）

生い立ちや家族のこと、そして現在にいたるまでの道のりが描かれています。「最初の一歩を勇気を出してふみ出すだけで世界が変わっていく」ということばが、私たちの背中を強くおしてくれます。

技術者　雨宮 清

地雷除去機の開発で大地に平和を

プロフィール
1947年3月7日山梨県生まれ。1994年にカンボジアにわたり、1995年に地雷除去機開発プロジェクトチームを発足。1998年に地雷除去機の第1号機が完成する。株式会社日建の会長をつとめる。

▲「地雷のない平和な大地」を目指し、地雷除去に対して積極的な取り組みを行う雨宮清。

悪魔の兵器、対人地雷

地雷は、今でも世界に1億個以上うまっているといわれています。おそろしいことに、戦争が終わっても土のなかで静かにひそんでいて、人が通った瞬間に爆発するのです。また、手でほりおこす地雷除去作業は時間がかかり、作業中の爆発事故も多く発生しています。一般の人を無差別にきずつける地雷は、悪魔の兵器とよばれています。

長年続いた内戦で、カンボジアには600万個もの対人地雷がうまっていました。年間300人もの人が亡くなり、そのうちの40パーセントは子どもです。雨宮清は、なんとかして地雷を取りのぞき、みんなが安心して生活できるようにしたいと、建設車両をあつかう自分の会社に、地雷除去機開発プロジェクトを立ちあげました。

なんどもカンボジアに行き、現地の人の話を聞いて、地雷のことを勉強しました。また、

会社の業務時間外、早朝や深夜、日曜日を使い、4年かかって油圧ショベル型の地雷除去機を完成させました。

「かげひなたなく、人のために」

山梨県で生まれ育ち、中学を卒業した雨宮清は、東京でクレーン車の整備をする会社に就職しました。8年間働き23歳になると、故郷の山梨県にもどり車両工業の会社をおこしました。

1994年、47歳のとき、海外で建設機械を販売するため、カンボジアを訪れました。そこで見た光景に雨宮はおどろきました。地雷で手や足を失った子どもや大人、やけどをした人、たくさんのきずついた人がいました。そして、足のない老婆が言いました。「日本人なら、地雷を取りのぞけるでしょう？　この国を助けてください」。そのとき、若くして亡くなった母の口ぐせが頭をよぎりました。

「かげひなたなく、人のために働きなさい」

雨宮は日本の技術力でなんとかできないか、考えはじめました。早くしなければ、もっと被害者が増えてしまうと思ったのです。

「われわれ技術者の手で、地雷除去機をつくれるんじゃないか。だれも取り組んでいない仕事に挑戦しよう」

そう決心した雨宮は、地雷のことを学びにカンボジアに通いました。カンボジアの地雷原は、うっそうとしたジャングルになっていました。まず、木を取りのぞかなくてはなりません。そこで、草木を伐採しながら地雷を爆破するしくみを考えました。油圧ショベルカーのアームの先に、高速で回転するカッターも取りつけました。けれど、地雷の爆風の温度は1000度にもなります。ふつうの金属ではとけてしまいます。そこで、高温の爆風にたえる合金を開発しました。爆弾実験と、改良、調整をくりかえし、1998年4月、ついに地雷除去機の第1号機ができあがりました。手作業の20倍の速さで地雷を除去でき、操縦席は、爆風や爆音を遮断するつくりになっているため、安全に除去作業ができるようになりました。

▲カンボジアでの地雷除去作業のようす。この除去機は、付属部品を交換することで、地雷を除去したあと、木を伐採したり畑を耕したりできるしくみとなっている。地雷を取りのぞいたあとの復興を手助けする機械でもある。

▼カンボジアの地雷原に住む子どもたちと。

相手のことを考えたものづくり

カンボジアの第1号機からはじまった地雷除去機は、その国の地形や現状にあわせて、常に改良、開発し、今では8種類に増えました。安全性と機能性の高さから信頼され、アフガニスタン、ベトナム、コロンビアなどの国で100台以上が使われています。

除去機にアタッチメント（付属部品）の鋤を取りつければ、地雷を除去しながら土が耕せるものもあります。地雷原だった危険な場所を、田畑や果樹園など農産物を生産できる新たな場所へ変えられるのです。働く場所ができ、生産物を売ることができれば、人びとの生活が豊かになります。また、除去機を操作する現地のオペレーターを育成したり、こわれたときに自分たちで直せるようにと、技術者の教育も行っています。

「会社はお金を儲けることが大切だが、大事なのは、人のためになにができるかだ」と雨宮は言います。相手が必要としているものを知り、相手のためにものをつくれば必ず買ってもらえます。人のために仕事をする会社は、社員がほこりをもって働けます。社員のやる気と活気は、会社の利益につながっていくのです。そして今、会社の目標として「復興、社会貢献、国際貢献」をかかげています。

地雷原で人も近づけず、荒れ放題だった場所に除去機が走ると道ができ、畑や学校ができます。次世代を担う子どもたちが笑顔で遊ぶすがたは、雨宮にとって、なにものにもかえがたい宝物です。だからこそ、「地雷をなくして、世界に平和を取りもどしたい」という思いがあります。雨宮は、今日も仲間と共に試行錯誤と挑戦をくりかえし、地雷除去機の開発に情熱をそそいでいます。

世界が感動した瞬間

機械と人と信頼

2000年から、地雷問題をかかえる国ぐにへ地雷除去機の納入がはじまりました。アフガニスタン東部シャララバードの川ぞいには、たくさんの地雷があり、水くみに来る子どもたちが命を落としていました。

雨宮が第1号機を持っていくと「日本製の機械が役に立つのか」と、みんなが疑いの目で見ました。雨宮は、自分で機械を操縦して地雷を爆破しました。そして、操縦席を下りるとはだしになって、除去したあとを歩いてみせました。すると、人びとの目がかがやき、晴れやかな笑顔を見せてくれたのです。

地雷除去の主な流れ

ブラッシュカッターで木を切り、先端のレーキグラップルで切った木を運び荒地を整える。高速回転のロータリーカッターで、地面をほりおこしながら地雷を爆発させ、最後に、地雷が残っていないか探査機や探査犬で確認する。

もっと知りたい

地雷ではなく花をください

葉祥明 絵／柳瀬房子 文（自由国民社）

世界64か国に、1億個以上もうめられているといわれている地雷。うさぎのサニーちゃんが地雷のおそろしさやきずついた人たちについての現実、平和な世界を目指すための道しるべを教えてくれます。

| 建築家 | 紙の建築で被災地に希望を |

坂 茂
ばん しげる

プロフィール
1957年8月5日東京都生まれ。1985年、東京に株式会社坂茂建築設計を設立。国内外の被災地で、紙を使った仮設住宅や仮設集会所の建設を行う。2014年、プリツカー賞を受賞。

▲坂 茂のうしろにならんでいる茶色の筒は紙管。この紙管を使って仮設住宅や集会所をつくっている。

紙でつくる仮設住宅

1994年アフリカのルワンダで、フツ族とツチ族とが争う内戦がおこり200万人以上が難民となりました。坂 茂が避難所で見たものは、1枚のブルーシートでつくったテントの下で、寒さにふるえる人びとのすがたでした。

坂はすぐに国連難民高等弁務官事務所（UNHCR）に彼らの援助を申しでました。「難民の生活を改善するために、じょうぶな紙の家をつくりましょう」

以前から、紙を建築の材料として用いる研究をしていました。その結果、紙管は建物の柱や梁に使える強さをもつことがわかったのです。軽くてだれでもかんたんに組みたてられ、安くてどこでも手に入る良さがあります。坂は、ルワンダの避難所に紙の仮設住宅をつくりました。1995年の阪神淡路大震災後にも、焼け野原でいのる人びとのために、紙の教会をつくりました。

67

自然災害は世界中でおこります。トルコ、西インド、スリランカ、中国の四川省、イタリア、ハイチ……。災害がおこるたび、坂はすぐ被災地にかけつけ、住宅、学校、音楽ホールなど、困っている人が必要としている建物をつくろうと、最善の努力を続けています。

人のための建築をしたい

坂 茂は、中学2年生のときに学校の課題で家の模型をつくったことがきっかけで建築に興味をもちました。そして、高校生のときに建築雑誌で見た、ジョン・ヘイダックという建築家の建物に心をうばわれます。調べると、ニューヨークのクーパー・ユニオンという学校で、ヘイダックが建築学を教えていることがわかりました。高校卒業後、アメリカへわたり、語学の勉強をして、建築学を学べる大学に入学しました。そして、アメリカ人でもむずかしいといわれるクーパー・ユニオンに編入し、あこがれのヘイダックのもとで学んだのです。

大学卒業後、28歳で会社をおこしました。2000年にドイツで開催された万国博覧会では、日本館の建築を任されました。コンクリートや鉄で建物をつくると、博覧会が終わってとりこわすときに大量の産業廃棄物、ごみが生まれてしまいます。坂は、ごみを減らして再利用できる材料として紙管を使いました。そのアイデアとデザインで、日本館は注目を浴びました。

2003年、フランスのロレーヌ地方メッス市に新しくつくる文化複合施設、ポンピドゥーセンター別館の国際設計競技では、最優秀賞に選ばれました。光と風をとりいれ、建物とまちとをつなぐ、建物全体を木の枠でおおったデザインです。窓から外をながめると、まちの景色がまるで1枚の絵のように見えるのです。完成までに7年もかかりましたが、今では地元の人や訪れた人にも愛される建物になりました。

世界で建築物をつくるいっぽうで、坂は建築家という仕事に失望感をもちはじめていました。お金持ち、政府、開発会社など、権力のある人のための建物をつくるばかりで、本当に困っている人や社会の役に立っていないのではと感じたのです。自然災害で人がけがをして命を落とすのは、建物がこわれてその下敷きになるからです。それは、建物を建てた建築家の責任でもあります。坂は被災地に行って、被災した人の心とからだが安まる仮設住宅を建てようと決めました。

▲2011年にニュージーランドで発生したカンタベリー地震で、まちのシンボルであるクライストチャーチ大聖堂が崩壊。坂は教会の跡地に、紙管を使った仮設教会を建てた。

▼東日本大震災の避難所に設置された、紙管とカーテンによる間仕切り。坂が提供したシステムで、組み立ても分解もかんたんにできてプライバシーが確保される。

世界の学生と共に

東京、パリ、ニューヨークの3つの都市に拠点を置き、建築家としていそがしく世界中を飛びまわる坂ですが、彼は同時に、国内外の大学で学生に建築を教えています。

そして災害がおこると、協力してくれる学生と共に被災地へ行き、現地の学生と協力して仮設住宅を建てています。

2011年の東日本大震災の際に、避難場所である体育館を坂が訪れると、被災した人たちはつかれはてていました。坂は学生たちと、紙管で枠を組み、布をかけて間を仕切り、プライバシーが守られ、少しでも安心して休める空間をつくりました。

また、宮城県女川町で仮設住宅を設計したときは輸送用コンテナを市松に重ねて、3階だてにすることを思いつきました。津波の来ない安全で平らな場所をどのように最大限に有効活用するかを考えた結果でした。そこでも学生に協力してもらい、収納のための家具をつくって仮設住宅に備えつけました。収納場所がないとものが散らかり、住んでいて心地よくありません。坂は生活する人の立場に立って仮設住宅をつくります。その結果、今では、仮設住宅にずっと住みつづけたいと言ってくれる人もいます。

坂は、自分の目で見て感じる経験が大事だと言います。建築を学ぶ学生たちに、ただ美しい建物のデザイン設計を勉強するだけではなく、なんのためにデザインするのかを考え、自分のデザインに責任をもち、自分の考えをことばできちんと伝えられる建築家に育ってほしいと願っています。そして自分はこれからも人びとに愛されるモニュメントや建物を、世界中に建てつづけたいと考えています。

世界が感動した瞬間

2014年プリツカー賞受賞

長年にわたり、世界各地の被災地で、紙の住宅をつくったり輸送用コンテナを使った仮設住宅を建設するなどの支援活動や、新しい建築素材の開発と研究、その技術とデザイン性を評価されて受賞しました。

審査委員長は「自然災害などで、破壊的な打撃を受けて家を失った人びとに対して、自ら活動する坂氏は、この賞を受ける資格が一番にあります。知識とくふうで、最先端の素材や技術を追い求めつづける姿勢も評価される点です」と述べました。

プリツカー賞
建築界のノーベル賞とも言われている賞。1979年から、毎年1名選ばれます。アメリカのプリツカー財団から、建築を通じて人類と環境に価値のある多大な影響を与えた建築家に対して与えられる賞です。

もっと知りたい

紙の建築　行動する
建築家は社会のために何ができるか

坂 茂 著（岩波書店）

建築物は、自然災害によって倒壊し人の命をうばうこともあるが、建物が人の命を守ることもある。世界中の被災地で避難民の居場所をつくる坂 茂が、建築への思いを語る1冊。

婦人運動家

ラモン・マグサイサイ賞を受賞

市川房枝

プロフィール
1893年5月15日愛知県生まれ。婦人参政権の実現に尽力し、1953年第3回参議院議員選挙に東京地区から立候補し当選。1974年にラモン・マグサイサイ賞を受賞。1981年1月11日没。

女性に参政権を

日本では、女性の社会的地位がとても低く、女性は政治的な集会に参加することすら禁じられていた時代がありました。「結婚してよき妻、よき母になるのが女の幸せ」というのが世間の常識でした。

そんななか、市川房枝は、「平等なくして平和なし、平和なくして平等なし」という信念をいだき、平和を願う政治家を政界に送り、だれにとっても住みよい世の中にしていくためには「女性参政権がその『鍵』である」とうったえつづけました。

そして、第二次世界大戦が終わってわずか10日後の1945年8月25日には、婦人団体「戦後対策婦人委員会」を結成し、女性の参政権を総理大臣や議員に求めました。

1945年12月に婦人参政権がみとめられたあとも、女性の地位向上を目指す運動に尽力します。1953年には参議院議員選挙に立候補し、初当選。その後、老若男女を問わず多くの人の支持を得て87歳で亡くなるまで、一議員として、女性の地位向上のために働いたのです。

あだ名は「野中の一本杉」

市川房枝は1893年5月、愛知県中島郡（現在の一宮市）の農家の三女として生まれました。父親は、娘にも息子にもおしみなく教育を受けさせましたが、妻にはつらくあたる暴君でした。「女に生まれたのが不運だったのだ」という母親のことばが、幼い市川の心に、「なぜ？」という疑問の種を植えつけました。

教師や新聞記者を経験し、25歳で上京。婦人運動家の平塚らいてうと出会い、共に婦人参政権を求める運動をはじめました。

その後、アメリカで婦人運動や労働運動を学び、帰国後から婦人運動一筋の人生をス

▼1953年の参議院議員選挙に初当選したときの市川房枝。

タートしたのです。信念をもち、まっすぐに生きる人柄から、いつしか「野中の一本杉」というあだ名がつきました。

ところが、婦人参政権が実現して2年後の1947年のことです。市川は「戦時中、日本国民をあざむき世界征服にかりたてた」といういわれのない罪を着せられ、公職を追放されてしまいます。3年半にもおよぶ追放期間、市川を支えたのは、友人や賛同者でした。全国から集められた追放解除請願の署名は、17万通にもおよびました。

1953年、市川は第3回参議院議員選挙に立候補し、「理想選挙」を実践します。理想選挙とは、「出たい人より出したい人を」という理想に基づくもので、財力や権力のある人が選挙に出るのではなく、国民が選挙に出てほしいと思う人こそが、真に選挙に出るべき人材である、という考えです。市川は多額の寄付を受けつけず、支援者は自費で選挙活動に協力しました。こうした前例のない選挙活動を経て、市川はみごと2位当選を果たしたのです。

歩みは今も続く

議員としてスタートをきった市川は、売春防止法やよっぱらい取締法の制定、日本初の女性国連公使の誕生など、女性の地位向上をおしすすめる運動に力を注ぎました。

1975年には、「国際婦人年日本大会」を開きました。これは、「平等・開発・平和」の実現に向け、思想や信条のちがいをこえて協力しあおうというもので、国連の女子差別撤廃条約に日本政府として同意すべきだという運動の先頭に立つものです。1980年に条約の

▲1919年、市川（写真右）は平塚（写真左）と共に、日本初の婦人団体「新婦人協会」を設立。女性の政治活動を禁止する法案の改正を求める運動を行った。

署名参加が決まり、市川が亡くなったあとも活動は続けられ、男女雇用機会均等法、家庭科の男女共修などの改正を経て、1985年に女子差別撤廃条約は批准されました。

市川の信念と行動は、あとに続く人をはげまし勇気づける大きなエネルギーとなっています。

世界が感動した瞬間

ラモン・マグサイサイ賞受賞

1974年、市川房枝は、「アジアのノーベル賞」ともよばれるラモン・マグサイサイ賞を受賞しました。これは、フィリピンの大統領だったラモン・マグサイサイ氏の功績をたたえて設けられたものです。

人種、信条、性別、国籍を問わず、毎年アジアで社会貢献などに尽力した人や団体におくられ、受賞者には、1万ドルの賞金があたえられます。

市川が受賞した1万ドルは、「市川青年基金」として日本とフィリピンの交流に使われました。

賞金は決して個人では受けとらず、必要とされているところにすべてふりわけるのが、市川の信条でした。

洋画家 丸木 俊

平和をうったえる「原爆の図」を描いた

プロフィール
1912年2月11日北海道生まれ。原爆投下の数日後に夫の位里と共に広島に入る。1950年に「原爆の図」を発表。1995年にはノーベル平和賞にノミネートされた。2000年1月13日没。

世界をめぐる「原爆の図」

丸木俊が夫の位里と共同制作した「原爆の図」は、1945年8月6日、広島に投下された原爆できずつき、もがき、死んでいく人びとの苦しみや悲しみ、いかりをあらわした大作です。

広島は位里の故郷です。戦時中、俊たちは、埼玉に疎開していましたが、新聞で新型爆弾が広島に落とされたと知り、汽車で広島へ行きました。そこで見たのは、まさに地獄の光景でした。

それから3年後、俊たちは絵かきとして、原爆をあらわそうと思いたちます。終戦後、GHQ（連合国軍最高司令官総司令部）によって、原爆の惨状を報道することが禁じられていたにもかかわらず、1950年、「原爆の図第1部《幽霊》」を展覧会に出品しました。人びとはこの絵ではじめて、広島の苦しみを知ったのです。俊たちは続けて、「原爆の図」を15部まで描きました。展覧会が日本各地で開催され、大きな反響をよびました。

1953年、「原爆の図」に、世界平和評議会から世界平和文化賞がおくられました。世界の平和に貢献する作品として、高く評価されたのです。以後、世界各地で展覧会が開かれ、「原爆の図」は人びとの心をゆさぶっています。

貧しい寺の子が絵かきになる

俊は、北海道の寺の子として生まれました。

幼いころから絵を描くことが好きでした。あるとき、お父さんに手伝ってもらって描いた絵を学校の展覧会に出しました。同級生から「これはうますぎる。お父さんに描いてもらったにちがいない」と言われ、はずかしい思いをしました。このとき、自分の力で絵を描きあげる実力を身につけ、みんなにみとめてもらおうと、決意します。

その後、俊は絵かきになるため、東京の美術学校を卒業しましたが、絵だけでは生活費をかせぐことができず、小学校の教員になったり、家庭教師として外交官の家族についてモスクワへ行ったりしました。けれども夢をあきらめきれず、帰国後に描いた絵を二科展に出したところ、初入選。27歳で、ようやく画家として一歩をふみだすことができました。

夫となる丸木位里と出会ったのも、このころです。ふたりが結婚したのは1941年でした。戦争の影響で生活は苦しくなり、俊は家庭教師をしたり、雑誌のカットを描いたりして、生活を支えました。俊たちのくらす東京では空襲がはげしくなり、ふたりが埼玉に疎開し

▲「原爆の図　第8部《救出》」の前で語る俊（左）と位里（右）。

た1945年に、原爆が投下されたのです。

「原爆の図」の展覧会は国内だけでなく、世界でも開催されました。俊たちもアジアへ、ヨーロッパへと飛びまわりました。「原爆の図」は、どこでも受けいれられたわけではありません。「原爆の被害を忘れるなというなら、日本人がほかの民族を虐殺したことも忘れるな」と非難され、展覧会が中止になったこともあります。いっぽうで、「原爆を落としたのも、虐殺したのも人間で、いまだ戦争はなくならない。考えるために見よう」という人の意見が新聞に掲載され、会場に行列ができたこともありました。

◀丸木俊と夫の位里が共同制作した「原爆の図　第1部《幽霊》」。「原爆の図」は全15部からなる。

今なお人びとの心にうったえつづける絵

　俊は海外でいろいろな人と会ううちに、戦争がおきる理由、人の心理を考えるようになりました。そして、原爆の被害者の視点だけでなく、戦争で人を殺した加害者の視点からも描きあらわそうと思うようになります。体験者に話を聞き、資料を集め、現地へ行って事実と向きあうことはつらい作業でしたが、俊は自分が背負うべき画業として取り組みました。

　戦争で人を殺したのは、ごくふつうの生活を送ってきた人びとでした。自分もふくめ、だれの心にも、弱さや残虐さがひそんでいる。そこから目をそむけてはいけないのだと、うったえたのです。戦争と同じように、人が生みだし、人を苦しめるものとして、水俣や足尾銅山の公害も描きあらわしました。俊たちが描きあらわしたのは、国内のできごとだけではありません。中国の南京大虐殺やポーランドのアイシュヴィッツの犠牲者たちのすがたも絵にしました。

　俊が夫と共に手がけた作品は、国内外で多くの賞を受賞しました。そして1995年、俊たちはノーベル平和賞の候補になりました。

　俊は「位里と結婚しなかったら、『原爆の図』は描かなかったでしょう。位里も私と結婚しなかったら、描かなかったでしょう。いくどかの風雪を乗りこえさせて歩ませてくれたのも、『原爆の図』でした」と述べています。「原爆の図」が海外の展覧会での長い旅を終えたあとの1967年、埼玉県に「原爆の図丸木美術館」が開館しました。

　2000年、俊は87歳で他界しました。俊が残した作品は、今も見る人の心をゆさぶり、平和をうったえつづけています。

世界が感動した瞬間

絵本『ひろしまのピカ』、世界に広まる

　丸木俊は「原爆の図」などの大作のほかに、絵本も描いていたこともあり、出版社から「広島に原爆が落とされた日のことを絵本にしてください」と依頼がありました。

　俊には、忘れられない話がありました。展覧会に来たお客さんが、泣きながら語った体験談です。この話をもとにつくった絵本は大評判となり、「第3回絵本にっぽん大賞」「全米図書館協会ミルドレッド・L・バチェルダー賞」「ボストングローブ・ホーンブック賞」「ジェーン・アダムズ賞」を受賞し、世界15か国語圏で翻訳出版されました。

『ひろしまのピカ』
丸木俊 作・絵（小峰書店）

もっと知りたい

原爆の図丸木美術館

住所：〒355-0076
埼玉県東松山市下唐子1401
開館時間：3月～11月／9:00～17:00
　　　　　12月～2月／9:30～16:30
休館日：毎週月曜日・年末年始

　原爆の図丸木美術館は、埼玉県東松山市下唐子にあります。丸木夫妻が生涯をかけて描いた作品、活動の記録を見ることができます。毎年8月6日は「ひろしま忌」として、さまざまなプログラムと、とうろう流しが行われています。

彫刻家 北村西望

平和へのいのりをこめて祈念像をつくった

プロフィール
1884年12月16日長崎県生まれ。被爆10周年にあたる1955年に「平和祈念像」が完成。文化功労者に選出、紺綬褒章、文化勲章を受章。1987年3月4日没。

▲平和への願いを象徴する「平和祈念像」。

長崎の平和祈念像が完成！

1955年、北村西望が5年がかりで制作した平和祈念像が完成しました。原爆投下10年にあたる日の前日、8月8日の除幕式で、長崎市長の手によって「平和祈念像」をおおっている白い布が取りはらわれました。像は、大仏を思わせる見あげるばかりの大きさ。たくましく力強いからだ。包みこんでくれるようなやさしさに満ちた顔。集まっていた3000人の市民は息をのみ、そして大きな拍手がわきおこりました。この像は原爆で亡くなった大勢の人たちのたましいをなぐさめ、永遠の平和を願い、西望が苦心に苦心を重ねてつくったものです。像の高さは台座をふくめて約14メートル、ひとりで彫刻するのとわけがちがい、人手を借りる大仕事でした。

19歳で彫刻家を志し、日本一の彫刻家になるという大きな夢をもちつづけ、24歳で文展に初入選。それから約50年後、「平和祈念像」

は西望の代表作となりました。そして1958年、74歳のときに、日本人として最高の名誉である文化勲章を受章し文化功労者にも選ばれました。その後もその時代にあった新しい彫刻にいどみ、102歳で亡くなるまで600をこえる作品を残しました。

日本一の彫刻家になりたい

北村西望は本名を「にしも」といい、1884年12月16日、長崎県南高来郡南有馬村（現在の南島原市）で6人兄弟の末っ子として生まれました。お父さんの趣味は金属細工で、おみこしから仏さまの道具までいろいろなものをつくっていました。そんなお父さんの背中を見て育った西望は、小さいころから絵が好きで、高等小学校のときには絵を描きちらし、木の枝に人形や花などをほりつけていました。

16歳のとき西望は学校の先生の免許をとり、尋常小学校で3か月働きますが、正教員になるには師範学校を卒業しなくてはならず、全寮制の長崎師範学校へ入学します。しかし風土病にかかり退学。家にもどってきて静養しました。ちょうどそのとき、お父さんが母屋のとなりに隠居所を建てていました。その内部にほどこす欄間を、西望は自分でほりたいとお父さんに願いでました。図案を書きこみほりはじめると、なんともおもしろく西望は夢中でほりました。でき栄えもよく、みんなにほめられた西望は彫刻家になる決心をします。

1903年、19歳のときに京都市立美術工芸学校に入学し、このころから「せいぼう」と名のるようになります。ここで一生の友人となる建畠弥一郎（大夢）と知りあいました。大夢は才能があり、「彫刻の天才」とよばれていました。展覧会に作品を出しても、大夢にはまったくかないません。それでも西望は一流の彫刻家になる夢をもち、卒業すると大夢と共に上京し東京美術学校（現在の東京藝術大学）に入学しました。

西望はもくもくと作品をつくりつづけました。けれど展覧会に出す作品をつくるにはモデルが必要です。西望はごはんも食べずにお金を貯め、モデルをやとって作品を仕上げ、展覧会に出展します。はじめは落選。2回目は入選を果たしました。そのとき大夢は3等でした。3回目も4回目も大夢の方が上をいき差はちぢまりません。いくらがんばっても西望は大夢に追いつけず、彫刻をやめてしまおうかと思ったこともあります。元気をなくしていると大夢にはげまされ、西望は死にものぐるいで制作にはげみました。そして卒業の資格を取るための制作で「学校買い上げ」という栄誉にかがやき、主席となりました。

コツコツと努力を重ね作品をつくりつづける

苦しい生活のなかで西望は30歳で結婚し、アルバイトでくらしをたてていました。翌年、長男が誕生。西望は、「かわいい子のためにも、今度こそ」と文展のための作品づくりに力を

▼作品を彫る北村西望。

注ぎました。その年「怒濤」がみごと2等賞になりました。その翌年は「晩鐘」で最高の賞を受賞。続く第11回文展でも「光にうたれる悪魔」で特選。西望の名が日本中に知れわたるようになりました。次の第12回文展に出展した「将軍の孫」がこれまで以上の人気をよびました。そして37歳のとき、母校の東京美術学校の教授にむかえられます。仕事の依頼もたくさん来るようになりました。

ところが戦争がはじまると、自由に作品がつくれなくなりました。彫刻も戦争に役立つものだけになっていたのです。そんなとき、親友の大夢が亡くなりました。西望はとても悲しみました。戦争がますますはげしくなり西望は家族で埼玉県の秩父へ疎開します。広島、そして長崎に原爆が落とされ、戦争が終わりました。

やがて長崎では原爆で亡くなった人たちの慰霊碑を建てる話が持ちあがりました。西望も何人もの親しい人や親戚を亡くしていました。自分がこの慰霊碑をつくるとすれば、亡くなった人びとのたましいをなぐさめるだけではなく、人類の平和を願う"人の形"の像にしたいと思いました。平和祈念像づくりを任された西望はアイデアのデッサンを何百枚も描きました。そしてできあがったのは、力強くたくましいからだで、やさしい表情をした男の神さまのようなすがたでした。19歳で彫刻家を夢見てから50年、こつこつ努力を続けてきた西望は生涯で一番の大仕事を成しとげました。

西望は「たゆまざる 歩みおそろし かたつむり」ということばを残しています。かたつむりのように歩みがおそくても、長く続けていれば遠くまでたどりつけ、夢がかなえられるということです。

世界が感動した瞬間

長崎平和祈念像の除幕式

長崎県長崎市にある平和公園の北端に位置する平和への願いを象徴する像。1955年8月8日に除幕式が行われました。この像は神と愛と仏の慈悲を象徴し、原爆の犠牲者の鎮魂と永遠の平和を願うものです。天を指す右手は「原爆の脅威(長崎の過去)」を、水平にのばした左手は「平和(長崎の未来)」を示し、軽く閉じた目は戦争犠牲者の冥福をいのっています。毎年、8月9日の原爆の日を「ながさき平和の日」と定め、毎年この像の前で「長崎原爆犠牲者慰霊平和祈念式典」がとり行われます。式典では全世界に向けて、長崎平和宣言がなされます。

平和公園
原爆が落下した中心地の北側、小高い丘にあります。悲惨な戦争を二度とくり返してはならないという誓いと、世界平和への願いをこめてつくられた公園です。

もっと知りたい

西望記念館
(西望生誕之家)

住所：〒859-2413
長崎県南島原市南有馬町丙393-1
開館時間：9:00~17:00
休館日：毎週木曜日
　　　　年末年始(12月29日~1月3日)

北村西望が生まれた長崎県南島原市南有馬町にあり、生家であった記念館には彫刻・書・絵画など約60点の作品が展示され、屋外には13点の彫刻があります。この公園からは天草灘が見おろせ、島原・天草一揆終焉の地「原城跡」を一望できます。

命がけで独立運動家を支えた

女性実業家

相馬黒光

プロフィール
1875年9月11日宮城県生まれ。夫の愛蔵とともに中村屋を開業。日本に亡命してきたインド独立運動の志士ラス・ビハリ・ボースをかくまい、保護した。1955年3月2日没。

人道支援につくした女主人

　115年以上の歴史を誇る「新宿中村屋」は、インドカリーと和菓子の老舗として有名ですが、創業当初は小さなパン屋でした。

　1901年、相馬黒光と夫・愛蔵が東京都本郷にパン屋「中村屋」を開店しました。創業から8年後、新宿に移転すると、そこは芸術家や外国人が集まる交流の場となり、黒光は彼らの身のまわりの世話をするようになったのです。

　1915年、黒光に運命の出会いが訪れます。日本に亡命中のインド独立運動の志士ラス・ビハリ・ボースが中村屋に逃れてきたのです。黒光は約3か月間のあいだ、命がけでボースをかくまいました。このほかにも、ロシアの詩人ワシリー・エロシェンコを中村屋のアトリエに住まわせて支援するなど、こまっている人を助けるという人道支援をしてきました。

中村屋での出会い

　星 良（黒光の本名）は1875年、現在の宮城県仙台市に生まれました。祖父は伊達藩の勘定奉行をつとめた名家の出でしたが、幕末の戊辰戦争のため没落。貧しい家で育った良は、幼いころからかしこく、男まさりの性格の持ち主でした。

　小学校に入学した良は、通学時に聞いた賛美歌にひかれ、教会に通うようになります。神学生の島貫兵太夫は、強い志を持ち希望に燃える良を、「アンビシャス・ガール」とよんでかわいがりました。小学校を卒業後、宮城女学校に入学しますが、学校の方針に反発して中退。その後、横浜のフェリス和英女学校を経て、島崎藤村らが英語教師をつとめる明治女学校へ通うようになります。「黒光」というペンネームは、「あふれる才能の光を黒でかくしなさい」と、女学校の校長がのちにつけたものでした。

　女学校を出た良は、兵太夫の紹介で21歳で相馬愛蔵と結婚。夫の故郷・長野県の安曇野で生活しますが、田舎暮らしになじめず上京、

◀インドの民族衣装であるサリーをまとった相馬黒光（写真左）と、娘の俊子。俊子はインドの独立運動家ラス・ビハリ・ボースの逃亡生活を支え、のちに結婚する。

自分たちでできる商売をさがすことになりました。こうして誕生したのが、中村屋だったのです。

やがて中村屋は、芸術家が集う場として発展し、ロシア人も訪れるようになりました。盲目の詩人エロシェンコと出会ったのもこのころで、ロシア文学やロシア語に関心のあった黒光は彼を気に入り、住む場所や食事のめんどうを見るようになります。ところが1921年のある夜のこと。突然、20人ほどの警官が中村屋に押しいり、エロシェンコは、当時、危険とされていた「社会主義者（財産を共有し、平等で公平な社会を目指す思想をもつ者）」の疑いをかけられて強制連行されました。この横暴な行為を許せなかった黒光と愛蔵は、警察署長を告訴し、言い分は認められました。

独立運動家を保護する

「国籍や身分を問わず、ひとりの人間として信頼を寄せる」

黒光と愛蔵にはこうした信念があり、中村屋では、ロシア人や中国人など、日本人以外の従業員を雇っていました。朝鮮の独立運動家を泊めたこともありました。

第一次世界大戦中、インドはイギリスの植民地となっており、独立運動が起こっていました。インドの独立運動家ボースは、イギリス政府に追われて日本に亡命しますが、当時の日本はイギリスと同盟を結んでいたため、ボースには国外退去の処分が下ります。それでも黒光と愛蔵は、30人ほどの従業員と団結し、ボースを保護することを決断したのです。このとき、ボースが祖国インドの味として夫妻にふるまったカレーが、今日の新宿中村屋の看板メニュー「純印度式カリー」の原点となりました。

その後も黒光は、中国やヨーロッパの文化を中村屋のメニューに取りいれ、事業を支えました。時代の最先端をゆく新しい知識を身につけようと、国際社会に目をむけ、異文化を受けいれる黒光の生き方は、近代日本を生きぬくひとりの女性として、人びとから愛され、尊敬されました。

◀黒光と親交を深め、中村屋に寄宿したエロシェンコ。

世界が感動した瞬間

相馬夫妻とボース、詩人タゴールと会見

詩集『ギーターンジャリ』でノーベル文学賞を受賞したインドの詩人タゴールは、インド独立運動の中心となった人物です。1922年の来日で黒光らと会見し、女子学生の交歓など、日本とインドの親善を約束してくれました。

▲タゴールが来日した際に撮影したもの。左からボース、ボースの長男・正秀、黒光、タゴール、黒光の夫・愛蔵、ボースの長女・哲子。

執筆	麻生かづこ
	いしいいくよ
	石川千穂子
	桑名妙子
	ささきあり
	長井理佳
執筆協力	船木妙子
装丁・デザイン	鷹觜麻衣子
DTP	スタジオポルト
協力・写真提供	松井秀喜ベースボールミュージアム
	HATTRICK
	株式会社メイブリーズ
	IMG
	株式会社 TAG インターナショナル
	株式会社スポーツコンサルティングジャパン
	株式会社ユニバーサルスポーツマーケティング
	株式会社 IMPRINT
	株式会社スポーツビズ
	日本文化出版株式会社 月刊バレーボール編集部
	山下泰裕
	NPO 杉原千畝命のビザ
	杉原千畝記念館
	国際協力機構
	吉田事務所
	田沼武能
	UNICEF 東京事務所
	長倉洋海
	服部匡志
	瀬谷ルミ子
	株式会社日建
	公益財団法人市川房江記念会
	原爆の図丸木美術館
	長崎県南島原市
	株式会社中村屋
	株式会社時事通信フォト
	株式会社朝日新聞社
	©時事, ©時事通信フォト, ©AFP＝時事, ©Avalon/時事通信フォト, ©dpa/時事通信フォト, ©EPA＝時事
校正	有限会社くすのき舎
編集制作	株式会社 童夢

世界に感動をあたえた日本人

[上] スポーツ　国際理解・平和編

2017年4月5日　初版発行

発行者──竹下晴信
発行所──株式会社評論社
　　　　〒162-0815　東京都新宿区筑土八幡町2-21
　　　　電話　営業 03-3260-9409 ／編集 03-3260-9403
　　　　URL http://www.hyoronsha.co.jp
印刷所──図書印刷株式会社
製本所──図書印刷株式会社

ISBN978-4-566-03065-7　NDC289　80p.　277mm×210mm
© Hyoronsha　Printed in Japan
落丁・乱丁本は本社にてとりかえいたします。
※本書の情報は、2017年3月現在のものです。